garten kurz & gut

Tomaten

für naturnahe Gärten

NATÜRLICH UND ÖKOLOGISCH GÄRTNERN

HELGA BUCHTER-WEISBRODT

Hrsg. NATUR im GARTEN

avBUCH

NATUR im GARTEN

Inhalt

Vorwort

Paradiesische Früchte

Tomaten/Paradeiser sind ein Glücksfall der Natur, denn es gibt nicht viele Lebensmittel, die so gut schmecken und uns zugleich so nachhaltig gesund erhalten. Botanisch gesehen sind Paradeiser Beeren, also Früchte. In den Statistiken und umgangssprachlich zählen sie jedoch zum Gemüse. Ob Frucht oder Gemüse – unzweifelhaft steht fest: Kaum eine Art bietet so vielseitigen Genuss und ist dabei so wertvoll für unser Wohlbefinden.

Auffallend an der Familie der Nachtschattengewächse, zu der neben Tomaten auch Kartoffeln und Paprika zählen, ist der unglaubliche Farben- und Formenreichtum. Die Farbpalette der ursprünglich gelben Tomatenfrüchte reicht von Cremefarben, Hellgelb, Zitronengelb über Orangerot, Scharlachrot, Braunrot, Rosa und Violett bis zu Hellgrün und streifigem Grün. Die Formenvielfalt steht aber in nichts nach: Es gibt erbsenkleine und kilogrammschwere Früchte, sie haben Birnen-, Flaschen-, Eier-, Kugel-, Herz- oder Zylinderform und können glatt, gefurcht, gerippt oder gar innen hohl sein.

Nachdem die Tomate im Erwerbsanbau auf transportfeste Sorten reduziert wurde, um den Wünschen des Handels zu genügen, waren die Konsumenten immer unzufriedener. Handel und Anbau besannen sich auf das ursprüngliche Aroma, sodass der Trend zu reichhaltigen Sorten, der im Garten eingesetzt hat, auch im erwerbsmäßigen Tomatenanbau zu erkennen ist. Der Marktanbau orientiert sich neu und bietet Früchte an – teils als ganze Rispen –, die an Genusswert deutlich gewonnen haben. Mit der Vielfalt im Garten kann das im Handel angebotene Sortiment dennoch bei Weitem nicht mithalten, da die Sorten mit den höchsten Aromawerten meist nicht ausreichend transportfest oder ertragreich sind, um wirtschaftlich zu sein. Dass sie überhaupt noch verfügbar sind, ist Vereinen und Privatsammlern zu verdanken, die mit viel Liebe und unter hohem Aufwand Sortenraritäten anbauen, die Samen bewahren und weitergeben.

Probieren Sie es selbst aus: Egal ob im Garten, auf dem Balkon oder auf der Terrasse – die paradiesischen Früchte schmecken aus eigener Ernte gleich noch mal so gut.

Helga Buchter-Weisbrodt
August 2023

Tomaten,

in Österreich meist Paradeiser genannt, begeistern Groß und Klein mit ihrer üppigen Vielfalt an Formen, Farben und Geschmacksrichtungen.

Foto © Shutterstock/gorillaimages

Tomaten – die paradiesischen Neubürger

Der genaue Herkunftsort der Tomate lässt sich wissenschaftlich nicht exakt bestimmen, liegt aber in Trockengebieten im Westen Südamerikas vom Äquator bis 30 Grad südlicher Breite. Ob Kolumbien, Ecuador, Peru oder Chile – hier sind viele noch heute wachsende Wildarten beheimatet.

Fest steht, dass das in Europa 300 Jahre lang als giftige Zierpflanze verkannte Gewächs heute das beliebteste Fruchtgemüse ist und zu den weltweit bedeutendsten Kulturpflanzen zählt.

Liebesapfel und Paradeiser

Das Wort „Tomate" geht zurück auf den Namen der Azteken für diese Pflanze. Nachdem es den Ureinwohnern von Mexiko und Peru gelungen war, die Früchte der Wildpflanze durch gezielte Auslesen allmählich größer zu züchten, nannten sie das Ergebnis „tomatle". Der Begriff der Nahua-Sprache leitet sich ab von „tomala" und bedeutet „anschwellen".
In weiten Teilen Europas sah man im Mitbringsel aus Übersee gut 300 Jahre lang nur eine Zierpflanze. Ihren zweifelsohne sinnlich aussehenden Früchten wurden die geheimnisvollen Kräfte eines Aphrodisiakums zugeschrieben, gelbe Sorten sollten sogar Liebestollheit hervorrufen. Entsprechend hießen Tomaten Liebes- oder Paradiesäpfel.
Im allgemeinen Sprachgebrauch finden sich diese Namen aber nur bei uns in Österreich (Paradeiser), Ungarn (paradiscom) und Frankreich (pomme d'amour). Das ursprüngliche „tomatle" hat sich in fast allen anderen Sprachen etabliert. In Italien ging der Sprachgebrauch ganz eigene Wege.
Die Italiener nutzten die Überseepflanze von vornherein als Gemüse und nannten die köstliche Frucht, die ursprünglich gelb war, pomodoro (Goldapfel). Zugleich ist dieser Name ein Hinweis auf die südamerikanische Herkunft Eldorado (Goldland).

Das Wort Tomate in anderen Sprachen

Bulgarisch	domat
Deutsch	Tomate
Dänisch	tomat
Spanisch	tomate
Französisch	tomate
Englisch	tomato
Griechisch	tomata
Japanisch	tomato
Koreanisch	tomato
Norwegisch	tomat
Holländisch	tomaat
Portugiesisch	tomateiro
Rumänisch	tomatete
Schwedisch	tomat
Finnisch	tomaatit
Österreichisch	Paradeiser
Italienisch	pomodoro

Foto © Brocks

Physalis peruviana – die Andenbeere oder auch Kapstachelbeere genannt, ist eng mit Tomaten verwandt

Foto © Buchter

Tomatenblätter verströmen einen aromatischen Duft

Botanischer Steckbrief

Es verwundert nicht, dass die Tomaten lange Zeit als Zierpflanzen galten. Die krautigen, unter wintermilden Bedingungen mehrjährigen Pflanzen verzweigen sich durch Seitentriebe aus den Blattachseln des Haupttriebes. Die intensiv grünen Blätter mit ihren unterschiedlich großen Fiedern verleihen der Pflanze das aparte Aussehen. Jedes Blatt sieht anders aus, die Kerbungen sind mal tief, mal nur angedeutet. Die Blätter sind mit feinen Drüsen besetzt, die einen besonderen Duft verströmen. Berührt man sie und wäscht anschließend die Hände mit Seife, färbt sich das Waschwasser gelb.

Klein, aber fein – diese Beschreibung passt zu den intensiv gelben zarten Blüten. Mehrere davon sitzen in einem Blütenstand zusammen, seine Form heißt Traube oder Wickel. Je nach Sorte kann ein Wickel 3 bis 25 Einzelblüten umfassen. Es gibt sogar Sorten mit bis zu 600 Blüten. Da sich die Blütenstände nach und nach entwickeln, kann man den ganzen Sommer über die Blüten mit ihren 5 spitz zulaufenden, etwa 1 Zentimeter langen gelben Kronblättern und den 5 zu einer Röhre zusammengewachsenen Staubbeuteln bewundern. Einige Fleischtomatensorten haben eine vermehrte Anzahl Blütenblätter.

Botanisch betrachtet ist die Tomate eine echte Beere und damit eine Frucht. Auch ihre Zusammensetzung ähnelt der vieler Obstarten. Im Gegensatz zu anderem Gemüse enthalten Tomaten reichlich Fruchtsäuren und Zucker. Allerdings wird sie fast ausschließlich zu salzigen Gerichten verarbeitet, also wie Gemüse verwertet. Anbaubücher und Statistiken führen die Tomate als Gemüse unter der Rubrik Fruchtgemüse. Dazu zählt auch ein weiterer Verwandter, der Paprika. Seine Frucht ist ebenfalls eine Beere, auch wenn sie im allgemeinen Sprachgebrauch Schote genannt wird.
Echte Beeren bestehen aus einer Ansammlung von Samen, eingebettet in weiches Fruchtfleisch und umhüllt von einer Fruchthaut. Diese Charakteristika erfüllen neben Tomate und Paprika auch Auberginen/Melanzani, Gurke, Heidelbeere, Johannisbeere, Stachelbeere und Weintraube. Die Kürbisfrucht erfüllt ebenfalls die Definition für Beeren. Mit Rekordgewichten von über 1 Tonne ist sie durch besondere Züchtungen die größte Beere der Welt.

Fruchtige Namensverwandte

Nicht alles, was als Tomate bezeichnet wird, ist auch botanisch gesehen ein echter Vertreter dieser Art. Wer den Film „Grüne Tomaten" gesehen hat, kennt eine Namensverwandte der Tomate: die Tomatillo. Anders als der Filmtitel vermuten lässt, handelt es sich bei den genannten Rezepten nicht um Gerichte mit unreifen Tomaten oder grün-fruchtigen Sorten. Bestandteil der Rezepte ist die in Mexiko auch als Grüne Tomate bezeichnete Tomatillo,

Tamarillo

Quitotomate

Foto © Buchter

Auch Kürbis, Zucchini und Paprika stammen aus der Heimat der Tomate.

nahe verwandt mit Kapstachelbeere und Lampionblume. Diese auch als Mexikanische Tomate oder Erdkirsche bekannte tropische Frucht stammt wie die gewöhnliche Tomate aus der Familie der Nachtschattengewächse. Die krautige Pflanze bildet bis zu 6 Zentimeter große, kugelige Beeren aus. An sehr sonnigen Standorten gedeiht sie als einjährige Kultur auch in unseren Gärten oder als Kübelpflanze auf Balkon und Terrasse.

Die Baumtomate oder Tamarillo *(Solanum betaceum,* Syn. *Cyphomandra betacea)* hat mit der normalen Tomate ebenfalls nur die Zugehörigkeit zur Familie der Nachtschattengewächse gemeinsam. Die etwa 100 Gramm schweren, eiförmigen Früchte lassen sich roh als Obst verzehren, gedünstet dienen sie als Gemüse. Die ausdauernde, bis 5 Meter hohe, strauchartige Pflanze gedeiht im subtropischen Klima, bevorzugt in Höhenlagen.

Die Quitotomate *(Solanum quitoense)* heißt je nach Region auch Lulo oder Naranjilla. Der stachelige, fein behaarte, krautige Strauch liebt tropische Gebirgslagen. Er trägt aromatische, 5 Zentimeter große, kugelige Früchte. Die Schale ist recht zäh, der feine Filz darauf lässt sich problemlos abreiben. Da die Schale als leicht giftig gilt, sollte sie nicht verzehrt werden.

Vom Ursprung der Tomate

Es gibt kaum archäologische Funde, deshalb lässt sich der genaue Herkunftsort der einstigen Liebesfrucht nicht zweifelsfrei bestimmen. Die meisten Wissenschaftler nehmen Bolivien, Ecuador und Peru als Ursprungszentrum an. Hier finden sich auch heute noch viele Wildarten. Die Entwicklung von den Wildformen zur Kulturpflanze könnte sich in Mexiko vollzogen haben. Als einzige frühgeschichtliche Belege liegen aus dem mexikanischen Tehuacan-Tal Tomatensamen vor, die in Höhlenschichten aus der Zeit zwischen 200 v. Chr. und 700 n. Chr. stammen.

Wann genau die sagenhafte Frucht nach Europa kam, ist nicht eindeutig geklärt. Häufig genannt ist die zweite Amerikafahrt von Christoph Kolumbus in Verbindung mit dem Jahr 1496. Allerdings finden sich im Logbuch zu dieser Reise keine Vermerke zur Tomate, zudem endete diese Reise 1498. Von der vierten und letzten Seereise kehrte er 1504 zurück, er starb 1506. Andere Quellen nennen 1523 als Ankunftsjahr der Tomate in Europa – dann wäre Kolumbus nicht der „Überbringer“. In der ersten überlieferten Textstelle zur Tomate in Europa spricht der italienische Arzt Pietro Andrea Matthioli 1544 von „pomi d´oro“. Die ersten Abbildungen stammen aus der Zeit um 1550 von Konrad Gesner und Georg Oelinger. Einig sind sich die Historiker, dass die Tomate zunächst in Spanien ankam und auch als Gemüse genutzt wurde. Mit Ausnahme von Italien begegnete das übrige Europa der hübschen Beere mit tiefem Misstrauen: Sie galt als giftig. Dennoch kultivierten zahlreiche Hofgärtner die Pflanze als botanische Rarität mit hohem Zierwert. In Frankreich trat die Tomate als Gemüse erstmals 1778 in einem Saatgutkatalog auf. Erst 100 Jahre später begannen in Deutschland Hamburger Gemüseanbauern mit der erwerbsmäßigen Kultur – mit so großem Echo, dass bereits um 1900 das erste Buch über das neue Gemüse erschien. Obwohl die Wiener Weltausstellung 1873 Paradaiser präsentierte, kamen diese Früchte erst um 1890 auf die Wiener Märkte, zu nennenswertem Anbau kam es jedoch erst nach dem Zweiten Weltkrieg. In Deutschland gab es vor dem Ersten Weltkrieg schon 25 Hektar Anbaufläche, in den Kriegsjahren gab es gut 200 Hektar und zwischen den Kriegsjahren wuchs sie auf fast 2000 Hektar an. Die weitaus günstigeren Anbaubedingungen in Südeuropa ließen den deutschen Anbau auf unter 300 Hektar im Jahr 2000 sinken, der Selbstversorgungsgrad lag mit 46 Tonnen heimischen Tomaten nur noch bei 5 Prozent. Heute sind es allein in Deutschland 383 Hektar – zur Abdeckung eines Viertels des gesamten Gemüseverbrauches. In Österreich werden 15 Hektar Freilandtomaten und 197 Hektar unter Glas und Folie kultiviert. In Deutschland werden je nach Witterung 102.180 Tonnen Tomaten geerntet, in Österreich liegt die Erntemenge bei 57.000 Tonnen (2022), 80 Prozent davon waren Rispentomaten.

Treulose Tomate

Die Redewendung „treulose Tomate“ bezeichnet einen unzuverlässigen, wortbrüchigen Menschen oder auch jemand, der sich lange nicht gemeldet hat; sie ist seit 1920 dokumentiert. Dass ausgerechnet die Tomate als Inbegriff dieser Treulosigkeit gilt, hat ihren Ursprung im Ersten Weltkrieg. Italien war zunächst mit Deutschland verbündet und hielt sich aus dem Kriegsgeschehen heraus. Als sich das Tomatenland 1915 auf die Gegenseite schlug, setzte man die treuebrüchigen Italiener mit den in Deutschland seinerzeit nur unzuverlässig fruchtenden Tomaten gleich. Heute besteht gute Freundschaft mit Italien, und auch im deutschsprachigen Raum wachsen Tomaten problemlos – die Redewendung ist geblieben

Foto © Buchter

Der Handel legt Wert auf gleichmäßig ausgeformte, feste Früchte.

Die Tomate in der Welt

Die Tomate ist weltweit die zehntwichtigste Nahrungspflanze. Die Familie der Nachtschattengewächse, aus der sie stammt, umfasst 100 Gattungen mit 2500 Arten. Ein Fünftel der Weltjahresernte an Gemüse entfällt auf Arten dieser Familie: Tomaten, Kartoffeln, Paprika, Auberginen/Melanzani, Andenbeeren, Pepinos und Baumtomaten.

Jährlich bedecken Tomaten über 5.051.983 Hektar Anbaufläche weltweit (2020, Faostat). Hier reifen 187 Mio. Tonnen (Mt) der sonnenhungrigen Frucht.

Das Land, das mit einem Drittel der Weltproduktion die meisten Tomaten erntet, ist China mit 67 Mt, und das, obwohl die Früchte in der chinesischen Küche traditionell keine Rolle spielen. Ihm folgen Indien mit 21 Mt und die Türkei mit 13 Mt, die USA 12 Mt und Ägypten 6,7 Mt (2021). Italien, das Hauptanbauland der EU, steht mit 6,2 Mt erst an 6. Stelle, Spanien folgt auf Rang acht mit 4,3 Mt der Welterzeugung. Nachfolgend platzieren sich der Iran mit 5,8 Mt, Mexiko mit 4,1 Mt und Brasilien mit 3,7 Mt (2021).

Den mit Abstand höchsten Flächenertrag erwirtschaften die Niederlande: Hier reifen 500 Tonnen Tomaten je Hektar. Vier Fünftel der gesamten Tomatenernte wandern in die Verarbeitung zu Saft, Püree, Mark, Schälfrüchten, Dörrgemüse und Ketchup.

Verrückter Tomatenbrauch

Spanien, das in Europa an zweiter Stelle in der Statistik der wichtigsten Tomatenanbauländer und weltweit auf Rang 8 steht, unterstreicht das besondere Verhältnis zur Tomate durch eine ausgefallene Tradition: Am letzten Mittwoch im August findet jedes Jahr in der knapp 10.000-Einwohner-Stadt Buñol, 40 Kilometer von Valencia, die große Tomatenschlacht „La Tomatina" statt. Hierfür werden 125 000 Tonnen überreife Tomaten auf den Marktplatz gefahren. Zur Mittagsstunde beginnen die Einwohner, sich mit Tomaten zu bewerfen. Da sich immer mehr Touristen beteiligten, sodass sich 2013 über 40 000 Tomatenwerfer im kleinen Buñol drängten, beschränkte die Stadtverwaltung die Teilnehmerzahl 2014 auf 22 000 Teilnehmer: 5000 Freitickets für die Bewohner und 17 000 erstmals gebührenpflichtige Tickets für Auswärtige.

Die Regel für diese verrückte Ketchupparty schreibt vor, dass der Werfer die Frucht zuvor in der Hand zerquetscht. Das einzigartige Schlachtfest zu Ehren des heiligen Luis Beltran dauert exakt eine Stunde – danach ist das Straßenbild einheitlich rot gefärbt. Ein Kanonenschuss zeigt Anfang und Ende des blutroten Treibens an. Der farbintensive Brauch reicht auf das Jahr 1945 zurück. Immer wieder haben die Behörden versucht, diese Tomatenorgie zu unterbinden. 1959 hob die Stadtverwaltung das Verbot endgültig auf und von 1975 bis 2013 war sie selbst der Organisator. Dann privatisierte der Stadtrat das nun nicht mehr eintrittsfreie Tomatenmatschbad.

Foto © Iakov Filimonov/shutterstock.com

La Tomatina: Die größte Tomatenschlacht der Welt

Tomaten selbst anbauen

Tomaten lieben einen vollsonnigen, warmen Standort und lockeres, humoses Substrat. Fühlen sich die Sonnenkinder wohl, wachsen sie je nach Sorte problemlos bis 2 Meter hoch, veredelt auch deutlich mehr. Es muss aber nicht zwingend der Garten sein; ist es sonnig, fruchten Tomatenpflanzen auch im Pflanzkübel auf Balkon und Terrasse. Da die Früchte keine weiten Wege zurücklegen müssen, können sie, anders als Handelsware, bis zur Vollreife am Stock verbleiben und so das volle Potenzial an Gesundmachern und Aromastoffen ausbilden – ein unschlagbarer Vorteil der eigenen Ernte.

Vollaromatisch, saftig, fruchtig-frisch, würzig und möglichst schnittfest, das sind die Ansprüche, die eine Sorte erfüllen muss, wenn sie den Genießergaumen erfreuen soll. Solche kulinarischen Delikatessen fanden sich lange Zeit fast nur bei Sortensammlern. Inzwischen bemüht sich aber auch die Züchtung wieder um den Genusswert; das ganze Spektrum an Geschmacksrichtungen, die alte Sortensammlungen bieten, kann die Züchtung von Erwerbssorten aber nicht erreichen.

Das größte Problem bei der Sortenfrage ist die Festigkeit. Fast alle hocharomatischen Sorten sind für die heutigen Verzehrgewohnheiten zu weich. Die Verbraucher kennen meist nur knackharte Früchte, die speziell auf Festigkeit hin gezüchtet wurden, um den Transportweg und die Lagerzeit im Handel unbeschadet zu überstehen. Dass dabei das Aroma buchstäblich auf der Strecke bleibt, stört jedoch immer mehr Konsumenten.

Säen oder pflanzen?

Der Geschmack war lange ein untergeordnetes Kriterium. Ertrag, Farbe, Haltbarkeit, Festigkeit stimmten, trotzdem kam kein Genuss mehr auf beim Tomatenessen. Die Folge war der Trend zu Longlife- und Rispentomaten im Marktanbau und die Suche nach wohlschmeckenden Raritäten im Hobbybereich.

Der Gartenfreund ist hier eindeutig im Vorteil. Er kann schmackhafte Sorten wählen und die Tomaten an der Pflanze ausreifen lassen, sodass sich die sortentypische Aromafülle entwickeln kann. Selbst wenn man eine Standardsorte aus dem Gartencenter wählt, ist die Wahrscheinlichkeit groß, dass die geernteten Früchte besser schmecken als das Frischfruchtangebot des Handels – eben weil sie bis zur Vollreife an der Pflanze verbleiben.
Wer die Mühe nicht scheut, kann eine von Natur aus mit reichem Aroma ausgestattete Sorte wählen, muss dann allerdings vielfach die Pflanze selbst ziehen, weil solche intensiven Geschmacksträger meist nur in Form von Saatgut verfügbar sind. Ist man aber dazu bereit, stehen interessante Neuzüchtungen und wiederentdeckte alte Sorten zur Auswahl. Wer ertragreiche, robuste Standardsorten sucht, wird bei den zahlreichen Spezialsaatgutanbietern genauso fündig wie der Liebhaber von ausgefallenen Raritäten. Da die Tomate in der letzten Zeit im Garten geradezu einen Boom erlebt, gibt es auch zahlreiche Anbieter, die fertige Pflanzen von ausgefallenen Raritäten liefern. Bezugsquellen finden Sie auf Seite 54.

Samen selbst gewinnen

Eigenes Saatgut zu gewinnen ist ganz einfach: die Samen vollreifer Früchte herauslösen, in einem Sieb gründlich abspülen und zum Trocknen auslegen. Gut abgetrocknete Samen behalten mehrere Jahre ihre Keimfähigkeit, wenn sie kühl und trocken gelagert werden.

Nicht nur die Sorten variieren, sondern auch das Saatgut.

Aus den Samen entsteht aber nur wieder dieselbe Sorte, wenn die Tomatenfrucht von einer samenechten Sorte stammt. Da Tomaten sich selbst bestäuben, haben die Nachkommen dann auch dieselben Eigenschaften wie die Mutterpflanze. Bei Hybridsorten, erkennbar am F1 hinter dem Sortennamen, stammt der Pollen von einer anderen Sorte, sodass immer nur die unmittelbaren Nachkommen, also die gekauften Samen aus der Samentüte, die gewünschten Eigenschaften aufweisen. Die Nachzucht aus selbst gewonnenen Samen solcher F1-Hybriden spaltet sich in völlig unterschiedliche Pflanzen auf. Samenfeste Sorten sind daher im Hausgarten zu bevorzugen.

www.arche-noah.at/aktiv-werden/saatgut-selber-gewinnen/saatgutgewinnung-fuer-einsteiger

Rechtzeitig aussäen

Auch mit optimal keimfähigem Saatgut ist etwas Fingerspitzengefühl erforderlich, damit sich kräftige und gesunde Jungpflanzen entwickeln. Die wichtigsten Voraussetzungen sind ein sehr heller Platz und eine Keimtemperatur von 22 bis 25 °C. Da von der Aussaat bis zur Pflanzung etwa 8 Wochen verstreichen, hängt der Sätermin vom geplanten Pflanzzeitpunkt ab. In milden Weinbauklimaten können die Jungpflanzen ab Ende April ins Freiland – dann wird schon Anfang März ausgesät. Das gilt auch für Gewächshaustomaten in weniger günstigen Klimaten. Sind Spätfröste zu befürchten, liegt der Pflanzzeitpunkt nach den Eisheiligen, also Mitte Mai. Dann sollte die Aussaat erst in der zweiten Märzhälfte erfolgen.

Für das Aussäen empfiehlt sich torffreie, ungedüngte Erde in Bioqualität, spezielle Anzuchterde sowie ungedüngter, keimfreier Gartenboden. Die ausgesäten Samen dürfen nur 5 Millimeter hoch mit Erde bedeckt sein. Vorsichtiges Andrücken und Angießen mit lau-

Eierkartons sind dankbare Anbaugefäße, wenn die Pflanzen nach dem Auflaufen rasch in Pflanzschalen pikiert werden.

warmem Wasser sind die nächsten Arbeitsschritte. Die optimale Keimtemperatur von gut 23 °C sollte nicht unter 20 °C sinken. Dann keimen nach 1 bis 2 Wochen die Samen. Die ersten Keimlinge im Anzuchtgefäß entwickeln sich meist zu den fruchtbarsten Pflanzen. Wer jetzt rasch pikiert, also die kräftigsten Keimlinge im Abstand von gut 10 Zentimetern in eine neue Pflanzschale mit einer etwas nährstoffhaltigeren Blumenerde setzt, erhält optimale Jungpflanzen.

Pflege der Jungpflanzen

Von nun an ist es wichtig, dass die Pflanzen viel Licht bekommen und die Raumtemperatur tagsüber um 20 bis 22 °C, nachts möglichst um 16 bis 18 °C beträgt. Alle 2 Wochen sind die Pikierlinge für eine Gabe mit schwach dosiertem organischen Flüssigdünger dankbar. Gleichmäßig feuchte, aber nicht zu nasse Erde bekommt den Zöglingen am besten. Wenn die Pflänzchen 6 bis 8 Zentimeter hoch sind,

Veredelte Tomaten

Im Erwerbsanbau bereiten Mosaikviren, *Verticillium*-Welke, *Fusarium*-Welke und die Korkwurzelkrankheit Probleme. Gegen diese Krankheiten schützt das Veredeln der Sorte auf die Wildtomatenkreuzung 'Beaufort F1' als Unterlage. Sie ist die häufigste Tomatenunterlage mit den meisten Resistenzen, es gibt aber auch weitere Unterlagen für spezielle Anforderungen, darunter 'Big Fort', 'Big Power', 'Maxifort' und 'Vigomax'. Im Garten ist Kraut- und Braunfäule das größte Problem – dagegen hilft Veredeln leider nicht. Tendenziell wachsen gepfropfte Tomaten weitaus kräftiger und liefern um ein Vielfaches mehr an Früchten als nicht veredelte, also wurzelechte Pflanzen. Voraussetzung ist aber gleichmäßiges Wässern und Düngen, um dieses hohe Potenzial auch auszuschöpfen. Die Veredlung erfolgt bereits im Keimblattstadium, es handelt sich dabei um das Verfahren der Kopfveredlung: Unterlagen- und Sortenpflanze werden gerade durchgeschnitten, das Oberteil (Kopf) der Edelsorte kommt dann auf die Wurzel mit Stängelansatz (Fuß) der Unterlage. Es gibt auch Veredlungssets zur Eigenaussaat von Unterlage und Sorte, die auch die nötigen Befestigungsklammern enthalten.

Foto © Buchter

Veredelte Tomaten können im Gewächshaus mehrere Meter Trieblänge erreichen.

Foto © Buchter

Die Anzucht erfolgt sehr hell und warm. Jetzt sind die Pflanzen bereit für das Freiland.

erhält jedes einen mindestens 10 Zentimeter großen Topf mit nährstoffreicher, lockerer Erde. Viel Licht bleibt unverändert ein wesentlicher Wachstumsfaktor. Stehen die jungen Tomaten zu dunkel, entwickeln sich nur schwache Pflanzen mit langen Abständen zwischen den einzelnen Blättern; die Gärtner bezeichnen dieses Phänomen als Vergeilen.
Sind je nach Region Ende April bis Mitte Mai keine Nachtfröste mehr zu erwarten, kommen die Zöglinge ins Freiland. Bis dahin sollte man die Pflänzchen ruhig ab und zu tagsüber ins Freie stellen, damit sie sich an die Bedingungen unter freiem Himmel gewöhnen. Bei zu hoher Sonneneinstrahlung können die zarten Blätter einen Sonnenbrand bekommen – auf ausreichende Beschattung achten.

Dem Lichthunger entsprechen

Wie bei der Anzucht ist das Licht auch danach ein wichtiger Faktor. Tomaten wollen einen vollsonnigen Platz, sie sind geradezu sonnenhungrig. Das volle Aroma entfaltet die Frucht nur, wenn sie reichlich Sonne sammeln konnte. Deshalb ist die Tomate eine ausgesprochene Saisonfrucht, auch wenn sie rund ums Jahr angeboten wird.

Der Boden darf keinesfalls verdichtet sein. Ein hoher Humusanteil fördert die Durchlüftung. Ideale Wuchsbedingungen ergeben sich, wenn ein sehr großes Pflanzloch mit einem Eimer reifem Kompost gefüllt und vor dem Einpflanzen zur Hälfte mit Gartenerde durchmischt wird.

Auch Mist eignet sich gut für Tomaten. Vorsicht bei zu hohen Düngergaben, vor allem die Jungpflanzen können Schäden erleiden.

Die Pflanztiefe sollte in etwa der im Anzuchttopf entsprechen. Bei flacherem Einsetzen wachsen sie langsamer und laufen besonders in den ersten Wochen Gefahr auszutrocknen. **Jede Pflanze erhält einen Pfahl, robusten Stecken oder Spiralstab.** Auch Aufleiten an Schnüren ist machbar, sofern ein entsprechender Draht oder eine Querlatte in etwa 2 Metern Höhe verläuft. Ideal ist es, die Tomaten in einer Reihe zu pflanzen, damit sie sich nicht gegenseitig beschatten und rasch abtrocknen können. Der Abstand zwischen den Pflanzen sollte gut 50 Zentimeter betragen.

Den Durst stillen

Bei der Wasserversorgung gibt es ein absolutes Tabu: den Sprinkler. Sämtliche Blätter sollten während der ganzen Vegetationsperiode trocken bleiben. Dazu verhelfen der Regenschutz und die Gießtechnik.

Der Fuß der Pflanze wird vorsichtig eingewässert. Dabei besteht ein alter Gärtnertrick darin, einen Topf mit der Öffnung nach oben so tief ins Pflanzloch zu setzen, dass er nur 5 Zentimeter über den Boden ragt. In diese künstliche Vertiefung lässt sich dann leichter ohne Gießkopf gießen. Ein Gießkopf hat zwar den Vorteil, dass das Wasser nicht in einem Strahl auf den Boden trifft und ihn verschlämmt. Allerdings ist die Gefahr größer, dass die unteren Blätter versehentlich mitbefeuchtet werden.

Bewässert wird nach Bedarf. Der Boden sollte gut feucht sein, aber keinesfalls vernässen. Von der Bodenart hängt die Häufigkeit des Gießens ab – Sandböden erhalten öfter kleine Gaben, Lehmböden seltener, dafür größere

Pflanzenjauche

Ein Fass Jauche ist rasch bereitet: Auf 10 Liter Wasser kommt 1 Kilogramm Kraut – Brennnessel, Beinwell, Rainfarn und Schachtelhalm in Mischungen oder nur eine Art. Das Gefäß muss offen bleiben, bis die Jauche vollständig vergoren ist – je nach Temperatur dauert dieser Prozess 10 bis 20 Tage. Volle Sonneneinstrahlung und anfangs tägliches Rühren beschleunigen das Vergären. Ein Gitter oder Netz verhindert, dass Vögel oder andere Kleintiere in den Behälter fallen. Der strenge Gärgeruch lässt sich durch Gesteinsmehl etwas mildern. Wenn die Flüssigkeit keine Bläschen mehr bildet, ist die Jauche gießbereit. Für Tomaten im Pflanzkübel muss sie 1:20 verdünnt werden, im Gartenbeet gilt das Verhältnis 1:10.

Gärtnertrick: Ein neben der Pflanze eingegrabener Topf bringt das Wasser an die Wurzeln.

Gaben. Optimale Versorgung gewährleistet die Tropfbewässerung, im Idealfall mit Feuchtigkeitsfühler versehen. Ein wesentlicher Vorteil, abgesehen von der stets richtigen Wassergabe: Das Kleinklima an der Pflanzenbasis ist trockener, Pilzkrankheiten treten entsprechend seltener auf.

Dem Nährstoffbedarf genügen

Im guten Mist- oder Kompostbeet finden Tomaten einen Großteil der notwendigen Nährstoffe.

Foto © Buchter

Brennnesseljauche.

Da dieses Fruchtgemüse zu den Starkzehrern zählt, sind vor allem auf leichten Böden weitere Düngergaben nötig. Biogärtner schwören hier auf Pflanzenjauche aus Brennnesseln oder Beinwell. Neben dem für Tomaten idealen Nährwert gedeihen die Pflanzen besser, da die Jauchen auch Stoffe enthalten, die Pflanzen und Boden vitalisieren sowie die Abwehrstoffe fördern. Wann Nährstoffe fehlen, zeigen Tomaten ganz gut: Kräftige, tiefdunkelgrüne Blätter und eingerollte Triebspitzen weisen auf Überversorgung hin, bei Mangel hellen sich die älteren Blätter rasch auf, die jüngeren entwickeln sich weniger groß und üppig.
Eine Alternative zur Pflanzenjauche ist organischer Langzeitdünger in Bioqualität, der gemäß Mengenangabe auf der Packung schon beim Pflanzen in die Erde eingemischt wird und während der gesamten Vegetationszeit langsam und gleichmäßig Nährstoffe freisetzt.
Mehr Informationen zum Thema Boden gibt es unter: *http://www.naturimgarten.at/sites/default/files/willkommen_im_garten.pdf.*

Den Boden abdecken

Pflanzen, die einen gut luftdurchlässigen, gleichmäßig feuchten Boden schätzen, sind für eine Mulchschicht dankbar. Dafür eignen sich Rasenschnitt, ausgerissenes Unkraut, Stroh oder sonstige Pflanzenreste. Für Tomaten besonders günstig sind Abdeckungen aus Brennnesseln, Beinwell oder Schachtelhalm, da sie neben Stickstoff reichlich Silizium liefern, das speziell die Tomaten schätzen.
Die Mulchschicht bietet viele Vorteile: Sie schützt vor Verdunstung, hält den Boden gleichmäßiger warm, unterdrückt Unkraut, verhindert Verschlämmungen, verbessert die Bodenstruktur und fördert das Bodenleben. Durch bessere Bodenqualität wird die Pflanze optimal versorgt, ihre Abwehrkräfte gegen Schädlinge und Krankheiten werden erhöht.

Foto © Buchter

Kälteschutzhauben tagsüber auf jeden Fall entfernen.

Vor Kälte schützen

Außerhalb der Weinbauregionen oder bei sehr frühen Pflanzungen kann in den ersten Wochen ein Kälteschutz sinnvoll sein, sofern die Pflanzen nicht im Gewächshaus stehen.

Spezielle Folienhauben helfen über kalte Nächte. Sie werden den Pflanzen einfach übergestülpt. Da sich unter diesen Hauben die Luft staut, muss man sie tagsüber öffnen oder abnehmen. Bei intensiver Sonneneinstrahlung bildet sich sonst ein Verdunstungsniederschlag im Inneren der Haube, es können sogar Hitzeschäden entstehen. Der Luft- und Feuchtigkeitsstau begünstigt zudem Pilzkrankheiten.

Pflanzenfreundlicher und ebenso schützend ist Vlies, denn es ist atmungsaktiv.

Foto © Buchter

Ausgeizen des Haupttriebs: Brechen Sie die Seitentriebe möglichst früh aus.

Auf gute Nachbarschaft

Eigentlich vertragen sich Tomaten mit allen Nutzpflanzen im Garten. Der Mischkultur sind daher kaum Grenzen gesetzt. Allerdings sollte man darauf achten, dass keine zu dichten Bestände entstehen, die für ein feuchteres Kleinklima und weniger Luftaustausch sorgen, da es sonst leichter zu Pilzkrankheiten kommt. Auch gleich hohe oder gar höhere Pflanzungen in der Nähe wirken sich ungünstig aus, vor allem wenn sie nicht nur den Luftaustausch behindern, sondern auch Schatten werfen. Direkt neben den Tomaten sollten maximal knöchelhohe Pflanzen wachsen.
Als weniger gute Nachbarn für Tomaten gelten Erbsen, Fenchel und Gurken – erwiesen ist die ungünstige Nachbarschaft aber nur für Kartoffeln. Prinzipiell verbieten sie sich allein schon aufgrund ihrer Wuchshöhe. Bei der Kartoffel kommt hinzu, dass dieses nah verwandte Nachtschattengewächs ebenfalls unter Kraut- und Braunfäule leidet. Auch Beete, auf denen befallene Kartoffeln wuchsen, verbieten sich für mehrere Jahre als Tomatenstandort, da die Pilzsporen in der Erde geraume Zeit überdauern.

Kleine Pflegehandgriffe

Es gibt einige Pflegeschritte, die den Sommer über kontinuierlich anfallen. Mit zunehmendem Längenwachstum wird weiteres Anbinden oder Aufleiten an Schnüren oder Spiralstäben erforderlich.
Da die Stabtomaten in den Blattachseln Seitentriebe bilden, zählt das **Ausgeizen** zu den wichtigsten Pflegehandgriffen. Darunter versteht man das Ausbrechen der Seitentriebe, die in den Blattachseln des Mitteltriebs entstehen. Es sollte er folgen, wenn der kleine Seitentrieb 5 Zentimeter, maximal aber 10 Zentimeter lang ist. Diese Geiztriebe entziehen unnötig Assimilate.

Je länger sie an der Pflanze verbleiben, desto mehr behindern sie den Luftaustausch, konkurrieren um die Nährstoffe, und auch die Wunde beim Ausbrechen wird immer größer. Eine Ausnahme bilden die niedrigen, kompakt wachsenden Buschtomaten. Hier entfallen Aufleiten und Ausgeizen weitgehend. Nachteile haben diese arbeitsarmen Tomaten jedoch auch: Sie liefern geringere Erträge und sind anfälliger für Pilzkrankheiten. Pflanzenfreundlicher und ebenso schützend ist Vlies, denn es ist atmungsaktiv.
Hat die Pflanze ausreichend Blattmasse entwickelt, bricht man die untersten 2 oder 3 Blätter ab, damit der Luftaustausch in Bodennähe besser erfolgen kann. Diese bodennahen Blätter sind auch am stärksten pilzgefährdet. Oberhalb der Fruchtstände müssen die Blätter verbleiben, da sie die Tomaten vor Sonnenbrand schützen. Manche Gärtner schwören darauf, entfernte Geiztriebe oder Blätter als Bodenabdeckung zu belassen. Beim kleinsten Anzeichen von Befall ist es aber besser, die abgeschnittenen Pflanzenteile zu entsorgen, um zu vermeiden, dass sich Erreger weiter ausbreiten.
Normalerweise reicht die Vegetationszeit bestenfalls für die Entwicklung von 6 bis 8 Fruchtständen. Mehr reifen erfahrungsgemäß bis zum Herbst nicht aus. Alle weiteren Ansätze werden wie die Geiztriebe entfernt. Zahlreiche Ratgeber empfehlen, die Tomatenpflanze nach der siebten Blütentraube zu köpfen, also die Triebspitze abzubrechen. Es hat sich aber bewährt, die Tomate weiterwachsen zu lassen und nur alle weiteren Blütenstände zu entfernen. Vorteil dieser geringfügig aufwendigeren Methode: Es steht bis spät ins Jahr gesundes, assimilationsfähiges Junglaub zur Verfügung, was sich besonders positiv auswirkt, wenn zahlreiche ältere Blätter durch Pilzkrankheiten ausgefallen sind und entfernt werden müssen.
Tomatenexperten empfehlen, möglichst morgens auszugeizen oder Blütenstände zu entfernen, weil dann die entstandenen Wunden rasch eintrocknen.

Im Gewächshaus, aber auch an windgeschützten Standorten im Freiland lohnt es sich, die Wirkung des Windes auf Tomaten zu simulieren. Das geht sozusagen im Vorbeilaufen und Handumdrehen: Die Pflanze ein- bis zweimal wöchentlich bei trockenem Wetter kurz schütteln, am besten um die Mittagszeit. Die Selbstbefruchtung der windbestäubenden Tomatenblüten wird dadurch gefördert. Die kleinen gelben Blüten sind zwittrig, besitzen also jeweils männliche und weibliche Organe und bestäuben sich bei Wind selbst. Nur aus gut befruchteten Blüten entwickeln sich vollkommene Früchte.

Tomatengrüne Seifenhände

Nicht alle Kinder waschen sich gern die Hände. Im Sommer lässt sich daraus ein interessantes Spiel mit Gartenbezug machen. Zunächst müssen die Kinder einen Tomatengeiztrieb oder ein Tomatenblatt kurz in der Hand kneten und sich anschließend mit Seife die Hände waschen. Der Seifenschaum und das Waschwasser verfärben sich sofort intensiv gelbgrün, auch wenn die Hände zuvor keine sichtbaren Pflanzenspuren zeigten. Achtung, mit pH-neutralen Waschlösungen funktioniert es nicht.

Krankheiten begegnen

Vitale Pflanzen, die optimale Boden-, Licht- und Luftverhältnisse vorfinden, können ihre pflanzeneigenen Abwehrkräfte wirkungsvoll entfalten. Am meisten schadet nasskalter Boden. Überschüssiges Wasser behindert die gute Luftversorgung der Wurzeln und fördert Bodenpilze, die *Verticillium*-Welke und Korkwurzelkrankheit hervorrufen.
Bei kühler Witterung darf also nur ganz vorsichtig gewässert werden. Dass die Oberfläche rascher abtrocknet als der tiefer liegende Wurzelbereich, verleitet dazu, zu viel zu gießen. Der Wasserüberschuss erstickt nicht nur die Wurzeln und fördert Bodenpilze, er bewirkt auch, dass die Luft zwischen dem Boden und den untersten Blättern feuchter bleibt. Dann können sich auf dem Blattwerk Pilzkrankheiten wie Kraut- und Braunfäule oder Samtflecken besser ausbreiten.
Krankheiten lassen sich zudem durch Standortwechsel vorbeugen. Es gibt zwar auch die Empfehlung, Tomaten immer an dieselbe Stelle zu setzen. Das funktioniert aber nur auf sehr leichten, gesunden Böden, wenn keinerlei Infektionsdruck herrscht. Ansonsten machen sich bodenbürtige Erreger breit. Es ist also besser, frühestens alle 4 Jahre wieder auf dasselbe Beet Tomaten zu pflanzen, dann können sich die auf Tomaten spezialisierten Schaderreger nicht vermehren.

Schreckgespenst Kraut- und Braunfäule

Während *Verticillium*, *Fusarium*, Korkwurzelkrankheit und Nematoden vorwiegend dem Erwerbsanbau zu schaffen machen, sucht die Kraut- und Braunfäule fast jeden Garten heim. Die von Gartenliebhabern am meisten gefürchtete Tomatenkrankheit zeigt sich in Form von typischen Verbräunungen der Triebe, Blätter und Früchte, die Tomaten lassen sich nicht mehr verwerten oder reifen gar nicht erst aus. Schließlich stirbt die Pflanze ab.
Ursache ist der Pilz ***Phytophthora infestans***, der auch Kartoffeln befällt. Findet er ständig feuchte Blätter vor – etwa nach mehreren Regentagen –, kann der Bestand innerhalb kürzester Zeit schlagartig zusammenbrechen. Ist die Krankheit erst einmal ausgebrochen, gibt es keine Gegenmaßnahmen mehr. Allerdings ist der Gärtner dem Schadpilz nicht wehrlos ausgeliefert. Er kann recht wirksam verhindern, dass es so weit kommt.

- **Sortenwahl:** Von Natur aus widerstandsfähigere Sorten wählen, etwa ‘Philovita’, ‘Phantasia’, ‘Primabella’ oder ‘Resi’.
- **Standortwahl:** Sonniges Beet mit gut durchlüftetem Boden, auf dem die Nässe sich nicht staut.
- **Fruchtwechsel:** Frühestens alle 4 Jahre Tomaten an dieselbe Stelle pflanzen.
- **Durchlüftung:** Nicht zu eng pflanzen und keine Gemüsearten daneben platzieren, die als Windschutz wirken oder gar Schatten werfen.
- **Laubarbeiten:** Regelmäßiges Ausgeizen und Entfernen der untersten Blätter fördert die Durchlüftung, die Pflanzen trocknen rascher ab.
- **Gießtechnik:** Beim Gießen das Laub nicht befeuchten und durch eine Mulchschicht verhindern, dass Bodenwasser hochspritzt.
- **Nachbarn:** Keine Kartoffeln in der Nähe pflanzen, da der Wind die Sporen des Krautfäule-Erregers auf die Tomatenpflanzen weht.
- **Befallene Blätter und Früchte** sofort entfernen und keinesfalls über den Kompost entsorgen, da die Sporen nicht verrotten, also infektiös bleiben.
- **Hygiene:** Pfähle, Stäbe, Drähte oder Schnüre nach Saisonende mit kochend heißem Wasser sorgfältig reinigen oder nicht brenn-

Braunfäulesymptome zeigen sich zunächst als einzelne Blattflecken, später an den Früchten, ehe die ganze Pflanze abstirbt.

Fotos © Buchter

Physiologische Störungen: Fruchtendfäule, Grünkragen und Sonnenbrand.

bares Material abflammen, auch Besprühen mit 70-prozentigem Alkohol desinfiziert. Dabei Werkzeuge wie Scheren oder Spaten nicht vergessen.

- **Regenschutz:** Am wirkungsvollsten lässt sich der Kraut- und Braunfäule mit einem Regenschutz begegnen. Egal, ob es sich um eine einfache Schutzhaube oder eine aufwendige Dachkonstruktion handelt: Sie darf keinesfalls verhindern, dass der Wind durchstreichen kann, sonst entsteht ein zu feuchtes Klima.

Nützlinge anlocken

Durchtreibende Kreuzblütler sind im Frühjahr ein ideales Mittel, um zeitig Nützlinge im Garten anzusiedeln. Wenn Sie Grünkohl oder Rosenkohl nicht samt Strunk ernten, sondern einige Röschen bzw. Grünkohlblätter am Stängel belassen, treiben sie im März durch und es entwickeln sich leuchtend gelbe Blütenstände – um diese Zeit ein rares Nützlingsfutter. Besonders Schwebfliegen stellen sich rasch ein, wenn sie ihnen zusagende Blüten im Garten vorfinden. Nützlinge fördern bedeutet weniger Schädlinge. Lesen Sie nach unter: http://www.naturimgarten.at/sites/default/files/willkommen_im_garten.pdf.

Foto © Buchter

Weitere Krankheiten und Schädlinge

Auch wenn die Kraut- und Braunfäule am meisten Ausfälle verursacht, ist es nützlich, möglichen anderen Krankheiten und Schädlingen wirksam zu begegnen. Den effektivsten Schutz bieten auch hier die richtige Pflege und optimale Standortverhältnisse in Verbindung mit möglichst robusten Sorten. Grundsätzlich gilt: Je besser es der Pflanze geht, desto weniger anfällig reagiert sie auf Krankheiten und Schädlinge. Beispielsweise kommt Blattlausbefall vorwiegend bei zu stark mit Stickstoff gedüngten Pflanzen vor, da der Versorgungsüberschuss zu schwammig weichem Blattgewebe führt, das prall mit Assimilaten gefüllt ist und Läuse geradezu anlockt.
Befindet sich der Garten im ökologischen Gleichgewicht, sind meist ausreichend Nützlinge vorhanden, um die wenigen Tomatenschädlinge in Schach zu halten. Allerdings darf der Garten im Herbst nicht leer gefegt werden, damit die Nützlinge Unterschlupf finden und gleich im Frühling ihre Pflanzenschutzwirkung entfalten können. Bei hohem Befallsdruck und besonders im Gewächshaus helfen aktiv ausgebrachte Nützlinge, die der Gartenfachhandel anbietet. Auch einfache Maßnahmen wie Gelbtafeln gegen Blattläuse, Trauermücke und Weiße Fliege schaffen Abhilfe. Den meisten Schaderregern lässt sich durch eine weite Fruchtfolge (mindestens 4 Jahre Anbaupause auf einem Beet), luftdurchlässigen Boden und widerstandsfähige Sorten begegnen.
2020 ist als neues Ärgernis das Jordanvirus in Österreich angekommen. Namensgebend war die Redewendung «über den Jordan gehen». Große Mengen der Viren überleben sehr lange an Pflanzenresten, an Erde und anderen Materialien. Die Infektionen erfolgen mechanisch und über das Saatgut. Bei einem Befall müssen die Pflanzen vernichtet und am Standort Desinfektionsmaßnahmen durchgeführt werden.

Physiologische Störungen

Es gibt auch Schäden, die ganz andere Ursachen haben und als nicht parasitäre Krankheiten oder physiologische Störungen bezeichnet werden. Am meisten verbreitet ist die Blütenendfäule, die bei Kalziummangel entsteht, weil zu wenig Kalzium vorhanden ist oder zu viel Kalium die Aufnahme behindert. Bei Trockenheit kommt das Schadbild ebenfalls vor, da dieser Hauptnährstoff mit dem Verdunstungswasser in die Früchte transportiert wird und entsprechend Mangel entsteht, wenn die Pflanze zu wenig transpirieren kann. Auch bei sehr hoher Luftfeuchtigkeit verdunsten die Pflanzen zu wenig Wasser, um die Früchte ausreichend mit Kalzium versorgen zu können. Blütenendfäule beginnt zunächst als kleiner, eingefallener Fleck an der Blütenansatzstelle. Er wird zunehmend größer und dunkler und fault schließlich. Ebenfalls auf physiologische Ursachen geht das Schadbild des Grün- oder Gelbkragens zurück. Es zeigt sich in Form von hartem, hellgrünem Fruchtgewebe am Stielansatz. Auslöser können Kaliummangel, aber auch hohe Fruchttemperaturen sein, wenn die Tomaten nicht von Blättern beschattet werden und direkter Sonneneinstrahlung ausgesetzt sind.

Tomaten im Pflanzkübel ...

Wer einen sonnigen Balkon besitzt, kann sich mit wenigen Tomatenpflanzen den Traum der Aromatomate mit geringem Aufwand erfüllen. Notwendig sind helle, 10 Liter fassende Pflanzgefäße mit großen Wasserabzugsöffnungen, nährstoffreiche, torffreie Pflanzerde, für jede Pflanze ein mindestens 150 Zentimeter langer Stab, große Untersetzer für einen guten Wasservorrat bei tageweiser Abwesenheit und etwas Düngemittel, um den Nährstoffhunger der Tomate zu stillen.
Es gilt allerdings auch hier: Vor Regenfällen sollten die Pflanzen geschützt sein und das Gießwasser darf die Blätter nicht benetzen. In Pflanzgefäßen ist es noch wichtiger als im Gartenboden, große Schwankungen zwischen feucht und trocken zu vermeiden. Bei zu viel Wasser leiden die Wurzeln. Trockenperioden fördern Fruchtendfäule und das Aufplatzen der Früchte.
Hochwertige Pflanzerden enthalten einen guten Nährstoffvorrat. Gemäß Herstellerangaben lassen sich auch die richtigen Mengen an organischem Langzeitdünger unter die Pflanzerde mischen, sodass die Tomaten bis Vegetationsende versorgt sind. Ansonsten bieten sich Bioflüssigdünger an, die über das Gießwasser ausgebracht werden. Als organische Alternative ist auch Brennnesseljauche möglich. Beim Pflanzen können auch langsam wirkende Hornspäne in das Substrat eingearbeitet werden. Zwischendurch hilft man mit etwas Hornmehl nach, das die Nährstoffe rascher freisetzt.

Foto © Buchter

Stabtomate 'Tigerella' im Pflanzkübel.

... und Balkonkasten

Seit einigen Jahren sind Buschtomaten in Mode gekommen. Sie wachsen buschig verzweigt, werden kaum höher als 60 bis 80 Zentimeter und bieten sich gut als Balkon- oder Terrassenbepflanzung an. Der Ertrag ist im Vergleich zu den hochwüchsigen Sorten geringer. Von diesen als unbegrenzt wachsende Sorten bezeichneten Stabtomaten – sie werden je nach Standort über 2 Meter hoch – kann man auch auf dem Balkon mindestens 3 Kilogramm Früchte ernten. Buschtomaten liefern bestenfalls die Hälfte.

Allerdings müssen die niedrig wachsenden Sorten ganz anderen Ansprüchen genügen. Gerade auf dem Balkon steht der Zieraspekt etwas mehr im Vordergrund, der Ertrag ist hier nicht das Hauptkriterium. Vielfach kommt es gerade auf den niedrigen Buschcharakter an, damit zusammen mit der übrigen Bepflanzung ein harmonisches Gesamtbild entsteht. Zu den Sorten mit dem niedrigsten Wuchs zählen 'Balkonstar' ('Balkonzauber') mit 30 Zentimetern und 'Gnom' mit 40 Zentimetern Höhe. Wie die recht kälteverträgliche Züchtung 'Sub Arctic Plenty' eignen sie sich auch für Blumenampeln. Die kleinfruchtigen Sorten zu betreuen, ist auch für die jüngsten Balkongärtner ein spannendes Mitmachprojekt.

Tomaten als Sichtschutz

Wenn die Besonnung stimmt, lassen sich mit Tomatenpflanzen attraktive Sichtschutzwände gestalten oder Wände begrünen. Ein dünnes Lattengerüst oder Schnüre zum Aufleiten genügen. Am einfachsten lässt sich diese Funktion mit stark wachsenden Sorten erfüllen. Dazu zählt die kältetolerante Züchtung 'De Berao', die 3 Meter Höhe erreichen kann. Aber auch alle anderen Sorten wachsen über 3 Meter hoch, wenn sie auf eine Unterlage veredelt sind.

Es bietet sich besonders bei den wuchsstarken veredelten Pflanzen an, sie nicht eintriebig zu erziehen, sondern 2 bis 3 Haupttriebe am Gerüst verteilt aufzuleiten. Einen dichten Sichtschutz bieten auch die robusten Johannisbeertomatentypen. Bei diesen Wildtomaten mit je nach Selektion gelben oder roten Früchtchen entfällt das Ausgeizen.

Informationen zum Thema Düngung gibt es auf *www.naturimgarten.at*

Foto © Buchter

Balkontomate 'Balkonstar'.

Krankheiten und Schädlinge – Übersicht

Schaderreger	Befallsymptome	Gegenmaßnahmen
Kraut- und Braunfäule (Pilz)	Verbräunung der Blätter, Triebe, Früchte; Absterben	Regenschutz, Sortenwahl; weitere Maßnahmen siehe Seite 22/23
Stängelfäule (Pilz)	Welken und Absterben der ganzen Pflanze	Widerstandsfähige Sorten, Standort wechseln, Nässe vermeiden
Samtfleckenkrankheit (Pilz)	Gelbe Flecken auf den Blättern, unterseits samtartiger Belag (nur im Gewächshaus)	Resistente Sorten, befallene Blätter entfernen, gut belüften
Fusarium-Welke (Pilz)	Welken der ganzen Pflanze, braun verfärbte Gefäße	Veredelte Pflanzen, resistente Sorten, Standort wechseln
Verticillium-Welke (Pilz)	Welken der Blätter an der Triebspitze	Veredelte Pflanzen, resistente Sorten, Standort wechseln, Nässe vermeiden
Korkwurzelkrankheit (Pilz)	Abstoßen der Blüten, Verfärben der Blätter, dann Welken der Pflanze	Veredelte Pflanzen, resistente Sorten, Standort wechseln, Nässe vermeiden
Bakterienwelke (Bakterium)	Welken und Absterben einzelner Blattteile, hohle Verbräunungen an den Früchten	Robuste Sorten, Standort wechseln
Jordanvirus (Virus)	Mosaikverfärbung und blasige Deformation der Blätter, runzelig gelbe bis braune Früchte, frühzeitiges Absterben der Pflanze	Kranke Pflanzen entsorgen, Werkzeuge, Stäbe und Gefäße desinfizieren
Tomatenmosaikvirus (Virus)	Hell- und dunkelgrüne Mosaikverfärbung der Blätter	Resistente Sorten, kranke Pflanzen vernichten
Nematoden (Fadenwürmer)	Kümmerwuchs, Wurzelverdickungen	Veredelte Pflanzen, resistente Sorten, Standort wechseln, Tagetes oder Ringelblumen säen oder pflanzen
Weiße Fliege (Insekt)	1 bis 2 mm große, mottenähnliche weiße Insekten auf der Blattunterseite	Gelbtafeln, Schlupfwespe *Encarsia formosa*
Blattlaus (Insekt)	Läusekolonien oder einzelne Läuse auf Blättern, Blüten und Trieben	Nicht überdüngen, Nützlinge wie Florfliegen, Marienkäfer und Gallmücken fördern, Kaliseifepräparate
Kirschessigfliege (Insekt)	Larven entwickeln sich in der Frucht	Befallende Früchte nicht kompostieren sondern entsorgen, Kulturschutznetze verhindern einen Befall
Grüne Reiswanze (Insekt)	Deformationen, Flecken, Verkorkungen, Geschmacksbeeinträchtigung	Schutznetze, Wermut- und Rainfarntee zur Abschreckung, Schlupfwespe *Trissolcus basalis*
Tomatenrostmilbe (Insekt)	Blätter vergilben und trocknen ein, braune Triebe, Verkorkungen, Kümmerwuchs	Stäbe reinigen, Schnüre jährlich erneuern, befallene Teile oder Pflanzen entfernen, biologische Pflanzenschutzmittel auf Rapsölbasis

Vielfalt an Farben und Formen

Kaum zu glauben, dass es weit über 3000 Tomatensorten gibt, während im Handel wenige leistungsfähige Hochertragszüchtungen dominieren. Allerdings drängen sich immer mehr Spezialitäten in die Regale, weil gutes Aroma zunehmend gefragt ist. Für den Garten verlocken unzählige Farb-, Form- und Geschmacksvariationen zum Ausprobieren, es gibt aber auch hier bewährte Ertragsbringer für die Grundversorgung und zum Einmachen.

Unzählige Farben und Formen

Die Tomate zählt als Nachtschattengewächs zu einer umfangreichen Familie. Die 85 Gattungen zählen 3000 Arten, darunter neben Kartoffel, Paprika und Aubergine (Melanzani) auch Petunie, Tabak und Stechapfel.

Die Gattung *Lycopersicon*, der die Tomate angehört, ist noch nicht abschließend erforscht. Derzeit rechnet man ihr neben unserer Kultur-tomate 7 weitere Arten zu. Die meisten lassen sich untereinander kreuzen. Einige davon wurden als wertvolle Zuchtpartner erkannt, da sie gegen verschiedene Krankheiten Resistenzen zeigen.

Die weltweit angebaute Kulturtomate *Lycopersicon esculentum* lässt sich in Untergruppen einteilen, um die vielen verschiedenen Sortentypen zuordnen zu können. Diese botanischen Untergruppen erhielten ebenfalls lateinische Bezeichnungen:

Lycopersicon esculentum
var. ***esculentum*** – Gartentomate
var. ***cerasiforme*** – Cocktail- oder Kirschtomate
var. ***pyriforme*** – Birnenförmige Tomate (Cocktailtyp)
var. ***grandifolium*** – Kartoffelblättrige Tomate
var. ***validium*** – Kompakt wachsende Tomate

Interessante Namensgebung

Lycopersicon esculentum, der wissenschaftliche Name der Kulturtomate, bedeutet „essbarer Wolfsapfel“, wobei persicum auch Pfirsich bedeuten kann. Der im 2. Jahrhundert wirkende griechische Arzt Galenos von Pergamon nannte so ein streng riechendes Gewächs aus Ägypten.

Im 16. Jahrhundert hielt man die aus Amerika mitgebrachte Tomate zunächst irrtümlich für die von Galenos (vielfach auch nur Galen genannt) beschriebene *Lycopersicon*-Pflanze und gab ihr diesen lateinischen Namen.

Einteilungskriterien

Für den einfachen Tomatengenuss sind Sorteneinteilungen interessanter, die als Zuordnungskriterium die Eigenschaften der Frucht wählen. Sortenkundler differenzieren zunächst wie folgt:

Fruchtfarbe und Anzahl der Kammern zählen zu den Einteilungskriterien.

- Ein Einteilungskriterium ist die Unterscheidung der **Farbe** der unreifen Frucht in geflammte und ungeflammte Sorten: Geflammte Sorten zeigen am Kelchende vor der Reife dunkelgrüne Streifen auf etwas heller grünem Untergrund. Ungeflammte Sorten sind vor der Reife einheitlich grün und werden auch als Hellfruchttyp bezeichnet. Hellfrucht bezieht sich nicht auf die Rotintensität der reifen Frucht, sondern auf die Grünfärbung vor der Reife.
- Die Fruchtgröße hängt ab von der **Anzahl der Fruchtkammern** im Inneren. Danach lassen sich die Tomatensorten in 4 Gruppen untergliedern:
  - » Fleischtomaten sind groß, flachrund, teilweise auch leicht gefurcht und haben mindestens 4, meist aber 8 bis 10 Fruchtkammern.
  - » Übergangs- oder Zwischentypen bilden 3 bis 5 Kammern aus und sind rundlicher als Fleischtomaten.
  - » Die mittelgroßen Rund- oder Kugeltomaten haben meist 2, manchmal auch 3 Fruchtkammern, sind gleichmäßig rund und vollständig glatt.
  - » Die kleinfruchtigen Kirschtomaten – oder auch Cocktailtomaten – enthalten 2 Fruchtkammern und sind ebenfalls glatt und rund.
- Weniger zum Frischverzehr als für die Verarbeitung eignen sich Eier-, Flaschen- oder Romatomaten. Sie haben eine längliche **Form**, enthalten weniger Wasser und schmecken aufgrund des höheren Stärkegehalts etwas mehlig. Sie werden vorwiegend zu Saft, Mark, Ketchup und Schältomaten verarbeitet.

- Als Paprikatomaten bezeichnet man Sorten, die ähnlich wie Paprika **innen hohl** sind. Sie eignen sich hervorragend zum Füllen. Den Namen haben sie allein aufgrund dieser Eigenschaft, es handelt sich keinesfalls um Kreuzungen zwischen Tomate und Paprika.
- Der **Wuchshabitus** gibt eine weitere Einteilung vor: Stabtomaten heißen Sorten, die so stark in die Länge wachsen, dass sie eine Stütze oder Schnüre zum Aufleiten benötigen. Im Gegensatz dazu hören Buschtomaten nach 4 bis 5 Fruchtständen auf, in die Länge zu wachsen.
- Im Zusammenhang mit der Ernte fallen zwei weitere Rispen- und die Longlife-Tomaten. Rispentomate bezieht sich auf die Erntetechnik. Bei diesen Sorten reifen die Früchte innerhalb eines Fruchtstandes gleichzeitig, sodass die gesamte Traube geerntet und auch so vermarktet wird. Meist hängen 5 bis 7 Früchte an einer solchen „Rispe" – botanisch gesehen sind es Wickel –, es gibt aber auch Sorten, die bis über 10 Früchte gleichzeitig ausbilden. Longlife-Tomaten sind Sorten, die nach dem Pflücken lange fest und frisch bleiben, also ein ausgezeichnetes Nachlagerungsverhalten im Regal und im Haushalt haben. Sie bezahlen diesen Vorteil aber meist mit Abstrichen beim Geschmack. Fast durchweg sind es die rasch weich werdenden Sorten, die so richtig vollmundig nach Tomate schmecken.

Sortenfülle

Der Sortenkatalog der EU umfasst nahezu 3900 Tomaten, die europäische Datenbank für genetische Ressourcen listet über 16 000 Herkünfte, die in verschiedenen Genbanken gesichert sind. Auch Vereine wie Arche Noah und private Sortensammler tragen wesentlich dazu bei, dass die Sortenvielfalt erhalten bleibt. Im burgenländischen Frauenkirchen etwa archiviert der Gemüsebauer Erich Stekovics die Samen von 3200 Sorten, im Hofladen sind die Früchte von rund 500 Sorten erhältlich.
Jede Anbauregion hat ein ihrem Standort entsprechendes Sortiment. Im Verkaufsregal finden sich fast nie die Namen der angebotenen Sorten, bestenfalls sind das Herkunftsland und Bezeichnungen wie Fleisch-, Cocktail- oder Rispentomate angegeben. Der Überblick beschreibt eine Auswahl der bei Samenfirmen am häufigsten vertretenen Sorten, darunter auch einige Erwerbsanbausorten. Interessante Raritäten und bewährte Liebhabersorten finden sich ebenfalls in der Auflistung.

Samenfest oder F1-Hybride

Ist eine Tomatensorte samenfest, lässt sie sich durch Aussaat der aus ihren Früchten gewonnenen Samen problemlos nachziehen – diese Nachkommen entsprechen wieder den Mutterpflanzen. Steht hinter einem Sortennamen F1-Hybride oder F1, haben nur die Samen dieser Generation die gewünschten Sortenmerkmale. Die Nachkommen, also aus F1-Früchten gewonnene Samen, spalten auf: Jede Pflanze zeigt andere Eigenschaften.

Foto © Buchter

Die Sortenfülle ist riesig – und jährlich wird sie umfangreicher.

Die ARCHE NOAH

Von Ananassalbei bis Zuckerwurz

Im ARCHE NOAH Schaugarten wird Altes mit Neuem verbunden. Fast verloren gegangene Kulturpflanzen werden hier wieder lebendig, vermehrt, vor dem Aussterben bewahrt und weiterentwickelt.
Der ehemalige „Kuchlgarten“ des Schlosses liegt in dem kleinen österreichischen Örtchen Schiltern, malerisch eingebettet in die umliegenden Weinberge. In dem alten Schlossgarten, dem heutigen ARCHE NOAH Schaugarten, sind die barocken Strukturen weitgehend erhalten. Hauptattraktionen sind die über 500 vom Aussterben bedrohten, fast vergessenen Kulturpflanzen verschiedener Kräuter, Gemüse-, Getreide- und Färberpflanzen.
Wissen und Anbautipps zu den besonderen Pflanzen vermitteln fachkundige Mitarbeiter und Mitarbeiterinnen vor Ort. Der Verein ARCHE NOAH hat es sich zur Aufgabe gemacht, Sorten verschiedenster Kulturpflanzen zu erhalten und durch den Austausch von Saatgut zur Verbreitung beizutragen. Die Pflanzen sollen jedoch nicht einfach nur konserviert, sondern auch weiterentwickelt werden, sodass auch der Sprung vom Hausgarten zu einer marktfähigen Sorte möglich wird. Heute enthält das Sortenarchiv Samen von etwa 6000 verschiedenen Kulturpflanzensorten. Diese werden mithilfe von vielen Erhalterinnen und Erhaltern in Österreich und Deutschland regelmäßig wieder angebaut und so vor dem Aussterben bewahrt.
Es gibt also viel zum Mitnehmen bei einem Besuch des ARCHE NOAH Schaugartens: sei es Wissen über die Entstehung der Kulturpflanzenvielfalt oder seltenes Saatgut. Garantiert ist ein erlebnisreicher Tag für alle Sinne in einer außergewöhnlichen Gartenatmosphäre.
Jedes Jahr am 1. Mai gibt es den großen ARCHE NOAH Jungpflanzenmarkt, und im August findet jährlich das ARCHE NOAH Gartenfest der Vielfalt statt. Die ARCHE NOAH-Feste bieten Verkostungen, Handwerksmarkt, bunte Bio-Kulinarik und die Möglichkeit, Gemüseraritäten, Pflanzen und Saatgut zu kaufen.

ARCHE NOAH
Obere Straße 40, A-3553 Schloss Schiltern
Telefon: +43(0)2734/8628
info@arche-noah.at
www.arche-noah.at

Die Arbeitsgruppe Bauernparadeiser

Fruchtqualität und biologische Anbausysteme werden von der heutigen Gemüsezüchtung sehr vernachlässigt. Daher initiierten einige ErwerbsgärtnerInnen im Jahr 2010 die Gründung der Arbeitsgruppe Bauernparadeiser. Gemeinsam mit Bio Austria, Arche Noah und den Lehr- und Forschungseinrichtungen des Landes werden Fragen rund um Anbau und Züchtung von bunten Früchte bearbeitet.
https://www.arche-noah.at/bauernparadeiser

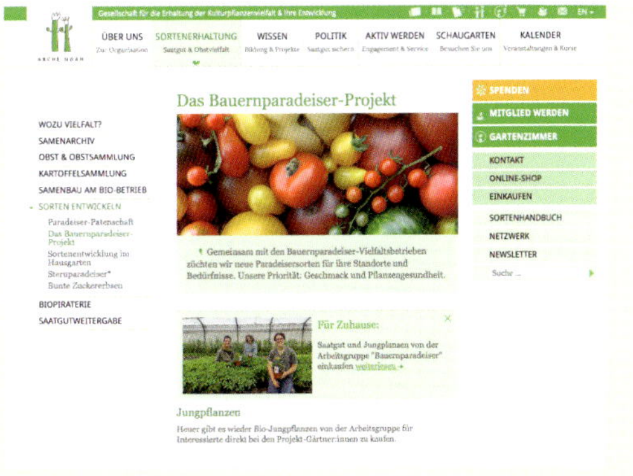

Die Qual der Wahl

Um sich die Auswahl aus der schier unüberschaubaren Fülle an Sorten zu erleichtern, ist vorab zu klären, ob die Pflanze im Freiland, Gewächshaus oder Pflanzkübel steht, ob im Freiland ein Tomatenschutzdach geplant ist, wenn nicht, ob das Klima sommertrocken ist, ob das Naschen oder eine sehr reiche Ernte zum Einmachen im Vordergrund steht und ob die Pflanzen selbst aus Samen herangezogen werden.

Ertragsniveau: Auch wenn es darum geht, einen möglichst hohen Ertrag zu erzielen, um Freunde zu beschenken oder sich mit Saft, Püree und Dörrtomaten auch über den Winter zu bringen, sollte Platz sein für wenigstens 3 oder 4 Naschsorten zum Kennenlernen. Da im Garten meist nicht unbegrenzt viel Platz ist, müssen die Tomatenpflanzen ein gutes Ertragspotenzial haben, die Nasch- und Experimentierstöcke dürfen auch weniger ertragreich sein. Eine Sorte mit geringerem Fruchtansatz, die aber optimal kultiviert wird, kann mehr Ertrag bringen als eine Hochleistungssorte bei schlechter Pflege.

Für den reichen Erntesegen bei begrenztem Platz wählt man am besten erprobte Ertragssorten. Das trifft grundsätzlich auf alle Sorten im Erwerbsgemüsebau zu, da sie wirtschaftlich sein müssen. Da hier aber unabdingbar ist, dass sie gut transportfest und im Laden lange haltbar sind, Aroma und Festigkeit aber selten Hand in Hand gehen, ist man bei der Aromafülle und Geschmacksvielfalt meist deutlich eingeschränkt. Es finden sich aber auch unter den Liebhabersorten Vertreter mit gutem Ertragsniveau bei gleichzeitig intensivem Geschmack. Die bekannteste ist 'Tigerella', die sich zunächst bei den Hobbygärtnern einen so guten Namen gemacht hat – sie ist recht robust, schmeckt gut, sieht mit ihren Streifen attraktiv aus und setzt sehr viele Früchte an –, dass sie auch Einzug in den Erwerbsbereich gehalten hat.

Braunfäuleresistenz: Schwieriger wird es, wenn oberstes Ziel ist, dass die Pflanze ohne Braunfäule durch den Sommer kommt, also beim Anbau im Garten ohne Schutzdach oder Gewächshaus. Es gibt durchaus Fälle, in denen aus optischen oder rechtlichen Gründen keine Schutzvorrichtungen erstellt werden können. Dann halten in regenreichen Gebieten nur nachweislich gegen Braunfäule widerstandsfähige Sorten zumindest bis Ende August durch. In sommertrockenen Lagen, also unter 500 Milli metern Jahresniederschlag, lassen sich solche Sorten bis in den November hinein

Foto © Buchter

Der Ertrag ist auch sortenabhängig – 'Hildare' gehört zu den reich tragenden runden Sorten.

Braunfäule ist eines der größten Probleme bei der Tomatenkultur.

beernten. Sollen sie auch noch gut ertragreich sein, bleiben nur ganz wenige Sorten übrig, darunter die F1-Hybriden 'Philovita', 'Phantasia', 'Philona' und 'Dasher'. Unter günstigen Bedingungen eignen sich auch die robuste, ertragreiche und aromatische 'Primabella', die ebenfalls ertragsstarken 'Tigerella' und 'De Berao', hier aber nur die gelbe und schwarze 'De Berao', die rote und rosa Varianten sind deutlich weniger krautfäulefest. Bei etwas weniger ertragsintensiven Sorten gelten unter anderem 'Cerise', 'Resi' und 'Rote Murmel' als erfreulich robust. Die Aussagen, wie widerstandsfähig die Sorten gegen Braunfäule sind, können sich aber wandeln. Die F1-Züchtungen 'Dasher', 'Phantasia', 'Philovita' und 'Philona' etwa haben sich seit ca. 20 Jahren bewährt, es können sich aber jederzeit veränderte Pilzerregerstämme bilden, die dann die Resistenzmechanismen der Pflanze umgehen. Die Gefahr ist zwar im Erwerbsgartenbau größer, aber auch im Privatgarten nicht auszuschließen. Bislang gelten die Angaben zur Widerstandsfähigkeit der vorgestellten Sorten noch. In Jahren mit besonders ungünstiger Witterung und entsprechend hohem Befallsdruck wie bei nachteiliger Kulturführung zeigen aber auch widerstandsfähige Sorten am Ende des Sommers Befall – anfällige Sorten sind dann unter gleichen Bedingungen aber bereits im Juli komplett ausgefallen.

Da Jahreswitterung, Kleinklima, Bodenverhältnisse, Licht- und Windsituation im Garten großen Einfluss haben und auch die persönlichen Wünsche an eine Sorte stark variieren, kann der hier gewählte Ausschnitt aus dem Riesensortiment nur ein Anhaltspunkt sein und will dazu anregen, selbst zu experimentieren, was im eigenen Garten die besten Erfolge bringt. Da Tomaten jedes Jahr neu gepflanzt werden, ist ein Fehlgriff nur für die aktuelle Saison nachteilig und lässt sich rasch beheben. Schon nach wenigen Jahren weiß der experimentierfreudige Gärtner, was seine persönlich besten Sorten sind. Es sollte dennoch immer Raum bleiben, zusätzlich weitere Sorten zu testen, schon um der Vielfalt willen und weil auch nur so der Genpool erhalten bleibt. Hierbei helfen auch die Erfahrungen, die Vereine zum Erhalt alter Sorten wie ARCHE NOAH in Österreich, Pro Specie Rara in der Schweiz und VEN in Deutschland vermitteln.

Die für die Porträts ausgewählten Sorten sind in 5 Gruppen eingeteilt und innerhalb der Gruppe alphabetisch geordnet.

Cocktailtomaten

Foto © Buchter

'Birnenförmige Gelbe'
In Form und Farbe auffällig, deshalb oft gewählt – und dann enttäuschend: nur mäßig ertragreich, neutral im Geschmack, neigt zum Aufplatzen und ist hoch anfällig für Braunfäule – nur für geschützten Anbau. Die rotfruchtige Variante hat ähnliche Eigenschaften.

Foto © Arche Noah

'Brandywine Sherry'
Die alte Sorte aus den USA, auch als 'Brandywine Cherry' im Handel, ist kartoffelblättrig, recht robust, ertragreich und wächst mittelhoch (130 Zentimeter). Die 10 bis 30 Gramm schweren, runden, dunkelrosa Früchte schmecken angenehm würzig.

Foto © Culinaris - Saatgut für Lebensmittel

'Black Cherry'
Sehr hoch und stark wachsende, ertragreiche Stabtomate, ideal für mehrtriebigen Anbau, recht robust. Die violettbraunen, festen Früchte sind um 40 Gramm schwer (etwa 4 Zentimeter), sie schmecken hocharomatisch und angenehm süß

Foto © scharfundlecker.de/Martin Eiberger

'Celsior'
Wüchsige, ertragreiche, robuste Pflanze, die vor allem in der zweiten Saisonhälfte reiche Erträge an ovalen, roten, festen, aromatischen Früchten liefert.

Foto © scharfundlecker.de/Martin Eiberger

'Cerise gelb', 'Cerise rot'

Sehr wüchsig und im Freiland gut robuste Stabtomate mit sortentypisch eingerollten Blättern und langer Ernteperiode. Die leicht ovalrunden Früchte sind fest und fruchtig, Säure enthalten, um 15 Gramm schwer.

Foto © Buchter

'Dasher F1'

Auch als Pflanze in vielen Gartencentern erhältliche Kiepernkerl-F1-Hybridsorte, wächst extrem stark und sollte mehrtriebig gezogen werden. Überaus ertragreich und recht robust gegenüber Pilzerkrankungen mit knackigen, mildsüßen, ovalen, roten, 25 Gramm schweren Früchten.

Foto © Culinaris - Saatgut für Lebensmittel

'Clou'

Speziell für das Freiland selektierte, robuste, wüchsige, kartoffelblättrige Neuzüchtung von Bernd Horneburg, Universität Göttingen. Die leuchtend gelben, 30 Gramm schweren Früchte schmecken angenehm fruchtig.

Foto © „Natur im Garten" Stefan Strobelberger

'Dattelwein'

Alte Sorte, die schon ab Mitte Juli viele kleine gelbe, tropfenförmige, platzfeste Früchte trägt, Sie sind süß-würzig und wohlschmeckend in großen Trauben mit bis zu 100, je 10 bis 30 Gramm schweren Früchten. Buschige Trauben an einer einzigen Rispe. Extrem ertragreich, sät sich gerne selbst aus.

Foto © Buchter

'Goldita'

Stark wüchsige, robuste, hoch ertragreiche, am besten mehrtriebig erzogene Sorte mit recht kleinen (15 Millimeter), goldgelben bis orangefarbenen aromatischsüßen Früchten.

Foto © Buchter

'Maiglöckchen'

Wüchsige, robuste, früh reifende, mittel ertragreiche Sorte mit auffallender Fruchtform: ovalrund mit ausgeprägter Spitze. Die Früchte knapp 4 Zentimeter groß, intensiv rot und schmecken fruchtig-würzig.

Foto © Arche Noah

'Mühls Mini'

Sehr frohwüchsige, robuste und ertragreiche Sorte mit kleinen, roten, aromatischsüßen, 20 Gramm schweren Früchten. Am besten mehrtriebig ziehen.

Foto © Reinsaat

'Philovita F1'

Auch als Pflanze in vielen Gartencentern erhältliche Kiepernkerl-F1-Hybridsorte mit starkem Wuchs, mehrtriebig erziehbar. Überaus ertragreich, sehr robust und hoch widerstandsfähig gegen Braunfäule. Die 20 Gramm schweren, festen, runden, roten Früchte schmecken fruchtigmild.

Foto © Culinaris - Saatgut für Lebensmittel

'Primabella'

Speziell für das Freiland selektierte Neuzüchtung von Bernd Horneburg, Universität Göttingen. Derzeit unter den samenechten (nicht F1-)Sorten gegen Braunfäule am widerstandsfähigsten. Die wüchsige Pflanze liefert bis spät ins Jahr hohe Erträge an süßsauer aromatischen, knackigen, roten, um 30 Gramm schweren Früchten.

Foto © scharfundlecker.de/Martin Eiberger

'Resi'

Sehr robuste Pflanze mit dunklem, eng anliegendem Laub, zur Engpflanzung geeignet. Dank kräftigem Wuchs ideal zum mehrtriebigen Erziehen. Der Ertrag ist nicht hoch, die Pflanze trägt aber bis spät ins Jahr und die roten, welchen, süßen Früchte schmecken intensiv aromatisch: Sie erinnern leicht an Ananas.

Foto © Buchter

'Schneewittchen'

Recht ertragreiche Stabtomate mit aromatischsüßen, weißgelben, kleinen, um 15 Gramm schweren Früchten, die rund bis ganz leicht flachrund sind und in seltenen Fällen rosa überhaucht sein können. 'Snow White' wird auch als 'Schneewittchen' bezeichnet, ist aber eher leicht ovalrund, spielt mehr nach Creme als nach Gelb, schmeckt etwas weniger süß und wächst stärker.

Foto © Culinaris

'Sunviva'

Freilandtauglich mit einer hohen Resistenz gegen Kraut- und Braunfäule, auch geschmacklich und vom Ertrag her entsprechen die gelben, sehr aromatischen, süßsaftigen Früchte voll den Erwartungen. Sehr wüchsige Pflanze, kann mehrtriebig gezogen werden. Ab Anfang Juli liefert sie erste sehr aromatische, süßsaftige Früchte mit ca. 20 Gramm Fruchtgewicht in schönen kurzen Trauben.

Foto © Buchter

'Weiße Mirabelle'

Robuste, aber nicht braunfäulefeste alte Sorte aus Frankreich ('Mirabelle blanche') mit 10 Gramm schweren, knapp 3 Zentimeter großen elfenbeinfarbenen Früchten, die mild fruchtig und leicht säuerlich schmecken.

Foto © Buchter

'Balkonstar'

60 Zentimeter hohe, kartoffelblättrige, frühe, ertragreiche, robuste, aber nicht braunfäulefeste Buschtomate mit 40 Gramm schweren, roten, runden, platzfesten, weichen Früchten, die recht gut schmecken. 'Balkonzauber' oder 'Balkonwunder' wird dagegen gut meterhoch.

Rundtomaten

Foto © Reinsaat

'Auriga'
Mittelstark und unproblematisch wachsende, robuste, ertragreiche Rundtomate mit langem Erntefenster. Die leuchtend orangeroten, mittelgroßen, sehr gleichmäßigen Früchte schmecken süß fruchtig.

Foto © Arche Noah

'Black Plum'
Alte russische Sorte mit braunen, pflaumenartigen, grün geschulterten, 40 Gramm schweren Früchten, die würzig schmecken; im Freiland unter ungünstigen Bedingungen nicht braunfäulefest.

Foto © Buchter

'Culina'
Hoch ertragreiche Erwerbssorte mit hellroten, gleichmäßig geformten, festen, leicht flachrunden Früchten. Werden die Tomaten nicht bereits grünlich rot geerntet, verliert das Fruchtfleisch rasch seine Festigkeit und eignet sich nicht mehr für die Vermarktung.

Foto © Buchter

'Diplom F1'
Frühe Stabtomate mit 100 Gramm schweren, runden, roten, festen, gut schmeckenden Früchten. Die kräftig wachsenden, robusten Pflanzen sind aber nicht widerstandsfähig gegen Braunfäule.

Foto © Buchter

'De Berao'

Die sehr starkwüchsige Stabtomate aus Mexiko wächst auch unveredelt 3 Meter hoch. Sie wird in 4 Farbtypen gehandelt. Die roten und rosaroten Varianten sind nur bedingt braunfäulefest, die gelben und als braun oder schwarz bezeichneten Varianten sind widerstandsfähiger. Die kleinen, ovalen Früchte sind saftig, gut schnittfest und schmecken gut; ideal zum Verarbeiten. Die Sorte hat sich besonders in kühlen Regionen bewährt.

Foto © Buchter

'Furore F1'

Aus dem Erwerbsanbau stammende, sehr wüchsige, hoch ertragreiche, in Rispen abreifende Stabtomate, robust, aber nicht braunfäulefest. Die 120 Gramm schweren, gleichmäßig runden, intensiv roten, gut haltbaren Früchte schmecken gut.

Foto © Buchter

'Goldene Königin'

Die nicht mit der gleichzeitig um 1875 entstandenen 'Golden Queen' verwandte Sorte ist weitverbreitet. Die mittelstark wachsende, nur mittel ertragreiche, robuste, aber nicht braunfäulefeste Stabtomate hat 80 bis 150 Gramm schwere, leuchtend gelbe bis leicht orangefarben, mittelfeste, säurearme, aromatische Früchte.

Foto © Buchter

'Harzfeuer F1'

Verbreitete, beliebte Frühsorte; die wüchsige, ertragreiche, robuste Stabtomate bringt süß aromatische, leuchtend rote, um 80 Gramm schwere, mittelfeste, kugelrunde Früchte.

Foto © Buchter

'Grünes Zebra'

Bekannteste grünfruchtige, bei Vollreife gelbgrün bis orangerot geflammte Stabtomate mit 100 Gramm schweren, weichen, würzigen Früchten, 1980 in den USA aus 4 alten Sorten gekreuzt.

Foto © Arche Noah

'Justens Gelbe'

Hessische Hausgartensorte mit runden, 5 Zentimeter großen, orangeroten, weichen, saftigen Früchten. Die wüchsige Stabtomate ist locker belaubt.

Foto © Buchter

'Königin von Sainte Marthe'

Auch als 'Reine de Sainte Marthe' im Handel, im französischen Hobbyanbau verbreitet. Die mittelstark wachsende Stabtomate ist sehr robust, aber nicht braunfäulefest. Die Übergangsform zwischen Rund- und Fleischtomate hat 200 Gramm schwere, intensiv rote, flachrunde, weiche Früchte mit kräftigem Aroma.

Foto © Buchter

'Matina'

Die kartoffelblättrige, gegen Braunfäule einigermaßen widerstandsfähige, wüchsige, hoch ertragreiche, frühreife Stabtomate war lange im Erwerbsanbau vertreten. Die kugelrunden, leuchtend roten, 120 Gramm schweren Früchte sind fest und aromatisch.

Foto © Buchter

'Kremser Perle'

Alte österreichische, meterhohe, recht ertragreiche Buschtomate mit früh reifen, 50 Gramm schweren, würzigen, roten, runden Früchten.

Foto © Buchter

'Moneymaker'

1916 in den Handel gekommene, wüchsige, sehr ertragreiche, robuste, aber nicht braunfäulefeste Stabtomate mit 80 bis 100 Gramm schweren, runden, roten, mittelfesten Früchten, die mild schmecken.

Foto © www.naturgarten-scheidl.at

'Naama'

Aus Rumänien stammende, recht robuste und ertragreiche Stabtomate mit 5 Zentimeter großen, ovalen bis birnenförmigen, recht festen roten Früchten, die fruchtig süß schmecken.

Foto © Buchter

'Phantasia F1'

Vitale, sehr wüchsige, frühreife Stabtomate mit guter Widerstandsfähigkeit gegen Braunfäule. Die festen, runden, leuchtend roten, 120 Gramm schweren Früchte schmecken bei Vollreife recht gut, insgesamt mild neutral: ein Massenträger, wenn es um große Verwertungsmengen geht.

Foto © Culinaris - Saatgut für Lebensmittel

'Paul Robeson'
Wuchsfreudige, ertragreiche, recht robuste Tomate aus Russland, benannt in den 1930er-Jahren nach dem Opernsänger Paul Robeson. Die ovalrunden, dunkelroten, braun geschulterten, 100 Gramm schweren Früchte sind saftig und würzig fruchtig.

Foto © Culinaris

'Rondobella'
Mittelwüchsige samenechte Salattomaten mit kleinen Trauben von 4-6 Früchten, besitzt eine herausragende Toleranz gegen Kraut- und Braunfäule und damit bestens fürs Freiland geeignet. Schon Ende Juni reifen die großen roten runden Früchte mit etwa 100 g Gewicht und besonders fruchtigem und intensivem Aroma. Weil sie relativ fest sind, eignen sie sich auch gut zur Lagerung.

Foto © Arche Noah

'Schimmeig Creg'
Optisch auffallende, rot-orange-gelb gestreifte Sorte aus den USA von 1983; der Name bedeutet „gestreifter Fels". Die 150 Gramm schweren, leicht herzförmigen Früchte sind fest und säurearm ohne deutliches Aroma. Die Pflanzen sind nicht robust. Ähnliches gilt für die optisch gleichfalls sehr attraktive russische Sorte 'Feuerwerk'.

Foto © Buchter

'Tigerella'
Weiterentwicklung von 'Alisa Craig', Schwesternsorte ist 'Craigella'. Robuste, gegen Braunfäule nicht stark anfällige, ertragreiche Stabtomate; schon vor der Reife ansprechend geflammt, vollreif kräftig hell- und dunkelrot gestreift. Die runden, 80 Gramm schweren, mittelfesten Früchte haben ein kräftiges Aroma. Ähnlich gestreift sind die niedrigen Buschtomaten 'Sweet Tiger', 'Pixie Striped' und 'Tigerette'.

Foto © https://chilifee.de/

'Stupice'
Kartoffelblättrige Buschtomate aus Tschechien, ertragreich und lange beerntbar. Die 50 Gramm schweren, roten, runden Früchte reifen sehr früh – das besondere Plus der mild fruchtigen Sorte, auch für raue Lagen geeignet.

Foto © Buchter

'Vanessa'
Hoch ertragreiche, stark wachsende, robuste Semi-Longlife-Tomate aus Israel mit 150 Gramm schweren, runden, roten, festfleischigen, platzfesten, bei Vollreife schmackhaften Früchten, die lang lagerfähig sind, ohne weich zu werden.

Foto © Buchter

'Vitella F1'
Gegen Braunfäule relativ widerstandsfähige Stabtomate, die nach etwa 6 Fruchtständen das Höhenwachstum einstellt. Die festen, flachrunden, roten, süßen Früchte wiegen um 100 Gramm.

Foto © Arche Noah

'White Sensation'
Wüchsige, recht ertragreiche Sorte, die, wie die etwas größerfruchtige cremeweiße Fleischtomate 'White Beauty', cremefarbene bis blassgelbe, 100 Gramm schwere Früchte trägt, die sehr süß und leicht honigartig schmecken. Kaum Säure.

Fleischtomaten

Foto © Buchter

'Altajskij'

Wüchsige, kartoffelblättrige, krautfäuleanfällige Stabtomate, die nicht sehr viele, aber bis zu 500 Gramm schwere, flachrunde, leicht gerippte, hellrote, weiche Früchte ansetzt. Gute Kochtomate für das Gewächshaus.

Foto © Buchter

'Berner Rose'

Aromatische Stabtomate mit mittelstarkem Wuchs. Nicht widerstandsfähig gegen Braunfäule. Die 200 Gramm schweren, weichen, bei Vollreife zu Mehligkeit neigenden Früchte sind rosarot bis blassrot, schmecken süß bei würzig kräftigem Aroma. Eine Sorte für kühleres Klima. Die bis kiloschwere rosarote 'Mortgage Lifter' oder 'Hypothekentilger' ist ähnlich im Geschmack, Regenschutz unabdingbar.

Foto © Buchter

'Bulgarische'

Wüchsige Stabtomate für das Gewächshaus mit 200 bis 1000 Gramm schweren, flachrunden, leicht gerippten, weichen rosaroten Früchten, die fruchtig süß schmecken.

Foto © Arche Noah

'Charlie Green'

Wuchsfreudige, mittelhohe Stabtomate mit auffallend grünen Schultern auf gelbgrünem bis orangegelbem Grund. Das saftige, grüne Fruchtfleisch schmeckt mild fruchtig, die Früchte wiegen über 200 Gramm. Nicht braunfäulefest; auch als 'Charly Green' im Handel.

Foto © privat

'Crimson Crush'

Ist ein zuverlässiger Fleischparadeiser für das Freiland, zeigt gegenüber der Kraut- und Braunfäule eine sehr hohe Resistenz. Der Wuchs ist kompakt und bleibt auf rund 1,5 bis 2 Meter Höhe, wuchert auch bei wenig Ausgeizen nicht so üppig.

Foto © www.deaflora.de

'Delicious'

Nur mittelhohe, willig ansetzende, wie der Name verspricht, köstlich schmeckende Riesenfruchttomate. Die 1964 in den USA zugelassene Auslese von 'Crimson Cushion' kam 1986 ins Guinnessbuch der Rekorde als Weltrekordtomate mit 5736 Gramm. Die süß fruchtige, mittelfeste, leuchtend rote Frucht erreicht normalerweise 500 bis 1000 Gramm.

Foto © Buchter

'Evergreen'

Die nicht sehr wüchsige, ertragsschwache, grünfleischige Stabtomate schmeckt süß und sehr würzig, die zähe Haut lässt sich leicht abziehen. Bei Vollreife sind die 200 Gramm schweren Früchte hellgrün bis gelborange, teils schwach geflammt.

Foto © privat

'Fantasio F1'

Wenig empfindlich gegenüber Kraut- und Braunfäule, Tomatenmosaik-Virus, *Verticillium*-Welke, *Fusarium*-Welke, Nematoden und Blattflecken. Bei Wuchshöhen bis 1,5m reifen große, runde, rote, wohlschmeckende Früchte heran, die 180 bis 200 g schwer werden. Damit sie gut ausreifen, werden Seitentriebe besser ausgegeizt und eine Stütze vorgesehen.

Foto © Buchter

'German Gold'

Alte Stabtomate, braucht Regenschutz. Die Pflanze setzt nur wenige Früchte an, die aber über 1 Kilogramm wiegen können. Sehr saftig und aromatisch.

Foto © Arche Noah

'Lila Sari'

Gut wachsende Stabtomate um 2 Meter, nicht braunfäulefest, sollte auch wegen der empfindlichen Fruchthaut ins Gewächshaus. Die 250 Gramm schweren, plattrunden, innen braunroten, außen braunviolett geschulterten Früchte schmecken süß säuerlich aromatisch. Sehr ähnlich sind die etwas größere, schon vor 1900 in den USA angebaute 'Cherokee Purple' und die vollfruchtige Sorte 'Schwarzer Prinz' aus Sibirien.

Foto © Buchter

'Marmande'

Alte südfranzösische, recht ertragreiche Stabtomate um 2 Meter, nicht braunfäulefest. Die 150 Gramm schweren, flachrunden, leicht gerippten roten Früchte sind weich und schmackhaft. Bild: Unreife Frucht von 'Marmande'.

Foto © Arche Noah

'Ochsenherz Österreicher'

Dünnschaliger, säuerlicher, für Fleischtomaten recht frühreifer 'Ochsenherz'-Typ, ertragreich. 1,5 Meter hohe Stabtomate mit filigranen Blättern; die bis zu 500 Gramm schweren, roten, samenarmen Früchte sind aromatisch.

Foto © Culinaris

'Paprikaförmige'
Für Braunfäule wenig anfällige, 1,5 Meter hoch wachsende, für Fleischtomaten recht frühreife Sorte mit 200 bis 300 Gramm schweren, hellroten, mild aromatischen Früchten. Sie sind leicht gerippt, süß, leicht mehlig und bei voller Sonne aromatisch.

Foto © privat

'Rose Crush F1'
Die krautfäule-resistenten, mittelfrühen pinkfarbenen Paradeiser überzeugen mit ihrem Geschmack und ihrer Optik. Die saftigen, aber schnittfesten, bis zu 250 g schweren Früchte wachsen ab Mitte Juli an bis zu 2 m hohen Pflanzen. Die fleischigen, rosaroten Früchte warten mit einem ausgewogenen süß-säuerlichen, äußerst aromatischen Geschmack auf.

Foto © Arche Noah

'Rotes Herz'
Aus Nordkroatien mit dem Namen 'Crveni Srcolik' stammender, mittel bis gut ertragreicher 'Ochsenherz'-Typ mit sehr starkem Wuchs und rosaroten, herzförmigen, um 200 Gramm schweren Früchten. Aromatisch mit harmonischem Süße-Säure-Verhältnis.

Foto © Bingeheimer Saatgut

'Saint Pierre'
Sehr gleichmäßig geformte, festfruchtige, attraktiv leuchtend rote Stabtomate mit gutem Wuchs, recht robust, seit 1880 in Frankreich am Markt. Bei Vollreife sind die rundlichen, glatten, dünnschaligen, um 200 Gramm schweren Früchte würzig bei harmonischem Süße-Säure-Verhältnis.

Foto © tomatenjunkie.de

'Teton de Venus'

Auch ‹Venusbrust› genannt wird dieser mittelgroße, wunderschöne rote Ochsenherzparadeiser. Der Geschmack des zart schmelzenden Fruchtfleischs ist fruchtig süß ohne nennenswerte Säure. Der Stabparadeiser wird über 2 Meter hoch und zeigt einen schlanken Wuchs, das schmale Laub sieht oft eingerollt aus. Die zwiebel- oder herzförmigen Früchte weisen eine deutliche Spitze auf, können bis zu 350 Gramm wiegen und enthalten fast keine Samen.

Foto © Arche Noah

'Valencia'

Leuchtend gelbfruchtige, bei Vollreife orangefarbene alte Sorte aus Nordamerika mit gelbem Fruchtfleisch, das eine angenehm sämige Konsistenz hat und aromatisch süß schmeckt. Die sehr wüchsige, eher späte Sorte bringt im Gewächshaus gute Ernten an runden, wenig gerippten Früchten. Optisch ähnlich ist die knapp 1,5 Meter hohe, rundliche, früher reifende 'Carotina'.

Foto © Culinaris

'Vivagrande'

Schöner, roter Fleischparadeiser mit angenehm mildem, ausgewogenem Geschmack, herausragende Resistenz gegenüber der Kraut- und Braunfäule. Er ist damit für den Freilandanbau gut geeignet und wird etwa 1 Meter hoch. Die Früchte mit ca. 200 g schmecken mild und besitzen ein festes Fruchtfleisch, gut für die Weiterverarbeitung und als Paradeiser zum Kochen.

Foto © Arche Noah

'Weiße Ochsenherz'

Mäßig ertragreiche, mittelspäte, über 2 Meter hohe Stabtomate mit filigranen Blättern – nicht braunfäulefest, sollte ins Gewächshaus. Um 300 Gramm schwere, herzförmig spitz zulaufende cremeweiße bis hellgelbe, weiche, säurearme, aromatische Früchte.

Foto © Buchter

'Weiße Schönheit'
Ertragreiche, robuste, nicht stark braunfäuleanfällige, wüchsige Stabtomate mit fruchtig süßem, mittelfestem, hellem Fruchtfleisch. Milchweiß bis zarthellgrün, bei Vollreife hellgelb. Ähnlich wie die nur 1,2 Meter hoch wachsende, säurearme, großfruchtige, außen cremefarbene, gelbfleischige 'Weiße Tomesol'.

Eier-, Flaschen- oder Romatomaten

Foto © Buchter

'Andenhorn'

Unreif ähneln diese Flaschentomaten einem spitz zulaufenden, gebogenen Kuhhorn. Bei Vollreife rot und spitzpaprikaförmig. Die aus den Anden stammende robuste Sorte ist dünnschalig, festfleischig, samenarm und schmeckt fruchtig aromatisch.

Foto © Buchter

'Cigalon'

Ertragreiche, wüchsige Romatomate mit großen, ovalen, intensiv roten Früchten. Sie platzt kaum, ist aber nicht braunfäulefest.

Foto © Buchter

'Corianne F1'

Robuste, aber nicht braunfäulefeste Flaschentomate mit auffallend großen, bis 20 Zentimeter langen roten, festen Früchten, sehr ertragreiche Verarbeitungsfrucht, lässt sich auch frisch essen.

Foto © Buchter

'Roma'

Buschförmig wachsende, nur meterhohe Romatomate mit dickschaligen, festfleischigen, schmackhaften, 60 Gramm schweren Früchten, nicht braunfäulefest.

Foto © scharfundlecker.de/Martin Eiberger

'Rote Zora'
Wüchsige Stabtomate mit schmalen, anliegenden Fiederblättern, die sortentypisch eingerollt sind. Die gegen Braunfäule widerstandsfähige, recht ertragreiche Sorte hat längliche, teils spitz auslaufende, himbeerrote, saftig weiche Früchte, die mild süß schmecken.

Foto © Buchter

'San Marzano'
Robuste, gut ertragreiche Flaschentomate mit leuchtend roten, festen, gut schmeckenden, um 70 Gramm schweren Früchten, die spitz auslaufen. Sie wurde mit 'De Berao' gekreuzt; die entstandene, hoch ertragreiche Sorte 'Himmelsstürmer' kann gut 4 Meter hoch wachsen, wenn sie nicht durch mehrtriebige Erziehung gebremst wird.

Bezugsadressen für Saatgut

Arche Noah	www.arche-noah.at	Tel.: +43 (0) 2734/8626
Aromagärtnerei deaflora	www.deaflora.de	Tel.: +49 (0) 3327/571519
Culinaris – Saatgut für Lebensmittel	www.culinaris-saatgut.de	Tel.: +49 (0) 551/2710107
Dreschflegel Saatgutversand	www.dreschflegel-saatgut.de	Tel.: +49 (0) 5542/502744
Manfred Hans	www.manfredhans.de	Tel.: +49 (0) 441/969 800
Lilatomate	www.lilatomate.de	Tel.: +49 (0) 6324/818 322
Reinsaat	www.reinsaat.at	Tel.: +43 (0) 2987/2347
Scharf & lecker – Der Shop für Saatgut und mehr	www.scharfundlecker.de	Tel.: +49 (0) 7361/79916
Tomaten-Fundus	www.tomaten-fundus.de	Tel.: +49 (0) 174/859 21 02
Tomatenjunkie	www.tomatenjunkie.de	Tel.: +49 (0) 7645/90 19 22
Verein Tomatenretter	www.tomatenretter.de	info@tomatenretter.de

Außergewöhnliche Formen

Es gibt unzählige Sorten, die durch ihre extrem abweichende Form auffallen. Es handelt sich meist um ausgesprochene Liebhaber- und Sammlersorten, die weder besonders robust noch ertragreich sind.

- **Behaarung und Panaschierung:** Als ausgesprochene Kuriositäten gelten behaarte Sorten, die an Blättern, Stängeln, teils sogar Blüten ('Elberta Girl') auffallend dicht behaart sind. Auch die Fruchthaut ist mit einem zarten Flaum überzogen. Am bekanntesten ist die Pfirsichtomate 'Pêche Rose' aus dem 18. Jahrhundert, verbreitet sind auch die robustere 'Fuzzy Wuzzy', die aromatische 'Angoratomate', 'Blaue Tanne', 'Silbertanne', 'Velvet Red' und 'Velvour Striped'. 'Allure' hat außer der silbrig weißen Behaarung auch panaschierte Blätter. Auf gleiche Weise attraktive Blätter haben auch 'Variegata' bzw. 'Splash of Green', bei der sogar die Stängel Marmorierungen zeigen.

- **Kompaktfleischig und samenarm:** Die bekannteste Sorte des Tomatentyps mit so vielen Kammern, dass im Querschnitt kaum Samen zu sehen sind, ist die außen wie innen orangerote 'Ananastomate'. Den Namen verdankt die bis zu 20 Zentimeter messende und 1000 Gramm schwere Fleischtomate weniger der Farbe als dem Umstand, dass der Querschnitt aussieht wie eine Ananasscheibe. Der Geschmack ist nicht ausgeprägt. Ebenfalls gelborange und kompaktfleischig sind 'Hughs', 'Georgia Streak' und 'Yellow Amish'. Es gibt zahlreiche weitere

Foto © Buchter

Panaschierte Sorte 'Splash of Green'.

Foto © Buchter

Behaarte Sorte 'Pêche Rose'.

Sorten von ähnlicher Innentextur, darunter dunkelrote Rindfleischtomatentypen wie die Stammform 'Ponderosa Pink', die wie 'Big Beef', 'Brandywine' oder 'Cherokee Purple' bis zu kiloschwer werden können.

- **Tief gefurcht:** Besonders ins Auge fallen neben den riesengroßen Rindfleischtomaten sehr tief gefurchte Sorten. Einige davon sind zudem innen hohl, darunter die 'Zahnradtomate', auch als 'Gezahnte' bezeichnet, dieder alten mexikanischen 'Zapotec' sehr ähnelt. Am bekanntesten ist die dunkelrote 'Purpurkalebasse'; auffallend faltig sind auch 'Elbe', 'Gandria', 'Marvel Striped', 'Monserrat', 'Mr. Brown' und 'Schwarze Meerer'. Übertroffen in Sachen andersartiger Optik werden sie von Sorten, die zugleich narbige Verwachsungen zeigen, wie 'Mortgage Lifter', oder die so stark unterteilt sind, dass man sie in Einzelteile brechen kann. Diese als 'Reisetomate' bezeichnete Sorte saftet nicht beim Zerteilen, ist also bequem stückweise essbar, auch wenn man unterwegs ist.

- **Innen hohl wie Paprika:** Am bekanntesten ist die Hohltomate 'Gelbe zum Füllen'. Eigentlich könnte diese innen hohle Sorte auch 'Gelbe Paprikatomate' heißen, denn auch die Form erinnert an die Schoten von quadratischen Blockpaprika. Die echte 'Gelbe Paprikatomate' ist aber eine lang gezogene, spitz zulaufende, innen und außen orangegelbe Eiertomate. Die leuchtend goldgelbe Sorte 'Gelbe zum Füllen' ist innen nahezu hohl, sie heißt auch 'Yellow Stuffer' und eignet sich wie die rot gestreifte Variante 'Striped Stuffer' zum Füllen. Auch die geflammte 'Cox Orange', die rot-orange gestreifte, tief gefurchte 'Cavern', die gelbe 'Quichotte', die grüne 'Green Bell Pepper', die gestreifte 'Schimmeig Striped Hollow' und die stark gefurchte 'Zapotec' sind innen hohl.

- **Johannisbeertomaten:** Außergewöhnlich ist hier die extrem kleine „Form". Diese Wild-tomaten sind nur erbsen- bis blaubeergroß, sodass die Fruchtstände an Johannisbeerträubchen erinnern. Auch die Blätter sind klein und sehr zart. Am besten gedeihen die robusten Pflanzen an Zäunen oder Gerüsten, die es ihnen ermöglichen, „wild" zu wuchern ohne Ausgeizen oder Aufbinden. Johannisbeertomaten sind kugelrund und leuchtend rot. Sie sind in ihrer Filigranität ein optisch attraktiver Sichtschutz auf dem Balkon, von dem sich die nicht nur zierenden, sondern auch hocharomatischen „Perlen" naschen lassen. Außer der im Samenhandel auch als 'Red

Johannisbeertomate 'Grosseille'.

Currant' gelisteten rotfruchtigen Johannisbeertomate gibt es weitere sehr kleinbeerige Wildtomaten, die vom privaten Saatguterhalter Gerhard Bohl genauer beschrieben wurden, darunter 'Ladybird' mit etwas größeren Früchtchen und die in unglaublich ausladenden Fruchtständen von über 200 Blütenansätzen reifende 'Grosseille'. Weitere populäre Sorten sind 'Rote Murmel', 'Cherry Cascade', ‚Golden Currant' oder 'Humboltii'. Leider reißen viele Johannisbeertomaten-Typen beim Pflücken leicht auf, sie sind sehr weich und lassen sich nur kurz lagern.

Foto © Buchter

Tomate – die Gesundheitsfrucht

Tomaten schmecken unvergleichlich und sind dabei wahre Gesundmacher: Neben lebenswichtigen Vitaminen, Mineralstoffen und Spurenelementen punkten die Früchte mit bioaktiven Substanzen wie Ballaststoffen und sekundären Pflanzenstoffen. Die ausgewogene Kombination dieser Gesundmacher stärkt das Immunsystem und hilft, Herz-Kreislauf-Krankheiten, Tumoren und vielen anderen Leiden vorzubeugen.
Noch ein Tipp: Vollreife Tomaten wirken stimmungsaufhellend und sind so ein nebenwirkungsfreies Mittel gegen schlechte Laune.

Die Tomate hat unglaublich viele positive Eigenschaften, die sich mit Begriffen wie Aromaträger, Delikatessgemüse, Schlankmacher, Fitnessfrucht, Launebringer, Gesundheitsförderer, Herzstärker und Krebshemmer beschreiben lassen.
Es macht einfach Spaß, diese Symbolfrucht des Sommers zu sehen und zu genießen. Richtig zubereitet und in ausreichenden Mengen genossen, kann die Sonnenfrucht zu einem gesunden, schwungvollen Leben viel beitragen.
Bei der Tomate gilt auf keinen Fall die Charakterisierung „Mehr Schein als Sein". Das beliebte Fruchtgemüse sieht nicht nur verlockend aus, auch die inneren Werte stimmen. Es ist ein besonderes Geschenk der Natur, dass diese Frucht faszinierend gut schmeckt und zugleich so gesund ist. Sie liefert neben reichlich Vitaminen, Mineral- und Ballaststoffen eine Fülle von Zellschutzstoffen. Umfangreiche Studien in aller Welt haben erwiesen, dass die nur in Tomaten in hohen Mengen enthaltene Carotinoid-Verbindung Lycopin zu den effektivsten Krebshemmern zählt.

Inhaltsstoffreicher Schlankmacher

Eine frische Tomate besteht zu 94 Prozent aus Wasser. Die restlichen 6 Prozent liefern nur 16 Kilokalorien (66 Kilojoule), da mit 0,4 Prozent Fett, knapp 1 Prozent Eiweiß und 3 Prozent Kohlenhydraten kaum Dickmacher enthalten sind. Dafür ist der Gehalt an Mineralstoffen beachtlich.
Gerade die sehr hohen Kaliummengen tragen zur entwässernden Wirkung der Tomate bei. Der Mineralstoff reguliert unter anderem die Wasserverteilung im Körper. Erhält der Organismus die täglich notwendigen Mengen von mindestens 2 Gramm Kalium, sind die Zellen in der Lage, Nährstoffe nach innen zu pumpen und Abfallstoffe auszuscheiden. Fehlt der Mineralstoff, dringt immer mehr Wasser ein, die Zelle kann absterben. Ein gesunder Körper enthält 300 Gramm Kalium. Mit viel pflanzlicher Kost ist es möglich, den Wert konstant zu halten.
Reichlich Kalium verhindert also, dass sich zu viel Wasser im Körper ansammelt. Zwei Gläser ungesalzener Tomatensaft decken gut ein Viertel des Tagesbedarfs an diesem Mineralstoff und helfen dadurch, Mangelerscheinungen wie Nervosität, Müdigkeit, Kopfschmerzen, trockene Haut, Verstopfung und Schlafstörungen vorzubeugen. Zugleich wirkt Kalium blutdrucksenkend. Die dank des reichlich enthaltenen Kaliums entschlackende und entwässernde Wirkung der Tomate macht sich die Naturheilkunde zunutze. Der französische Naturarzt Maurice Mességué empfiehlt bei Rheuma- und Gichtbeschwerden, täglich 250 Milliliter frischen, ungesalzenen Tomatensaft zu trinken. Viele Tomaten zu essen wird auch bei Herz- und Nierenerkrankungen geraten. Selbst mangelhafter Magensaftproduktion und Bauchspeicheldrüsenschwäche kann Tomatensaft entgegenwirken.

Fruchtiger Muntermacher

Mit der Tomate führen wir dem Körper auf schmackhafte Weise das Fitnessspurenelement Zink zu. Dieser Stoff macht uns wach und konzentriert. Zugleich beeinflusst er die optimistische Grundstimmung. Bei Zinkmangel stellen sich neben Müdigkeit, Depressionen und ungenügender Belastbarkeit auch Hautfalten, brüchiges Haar, vorzeitiges Ergrauen und Wachstumsstörungen ein. Der Tagesbedarf von 15 Milligramm Zink lässt sich allein mit Paradaiser nicht decken. Sie können aber als Appetit machender Aromaträger bei einer richtigen Zinkmahlzeit dienen. Legt man zur Jause 2 Scheiben Edamer und 1 gekochtes Ei zwischen 2 Scheiben Weizenmischbrot und isst dazu 2 frische Tomaten, ist gut ein Drittel des Tagesbedarfs an Zink gedeckt.

Tomaten enthalten auch kleine Mengen des Spurenelements Chrom, das wie Zink für muntere Fröhlichkeit sorgt. Leiden wir diesbezüglich Mangel, stellen sich ähnliche Störungen

Foto © Africa Studio/shutterstock.com

2 Gläser ungesalzener Tomatensaft decken ein Viertel des Tagesbedarfs an Kalium.

ein: Müdigkeit, Nervenschwäche, Gereiztheit, Unruhe, Lustlosigkeit, Depressionen, Schlafstörungen, Kopfschmerzen und Konzentrationsschwäche. Abhilfe kann man mit Nüssen, Samen, Vollkorn und Bierhefe schaffen.

Aromatischer Frischmacher

Schon der Duft der glänzend roten, prallen Frucht verspricht Genuss und Frische. Beim Biss in das saftige Fruchtfleisch läuft einem das Wasser im Mund zusammen – außer dem reichlich in der Tomate selbst enthaltenen Wasser auch der verdauungsfördernde Speichel.

Die Fruchtsäuren tragen mit dazu bei. In 100 Gramm Fruchtfleisch sind je nach Sorte und Reife immerhin 0,3 bis 0,7 Gramm enthalten. Bei der Tomate bestehen sie zu 80 bis 90 Prozent aus Zitronensäure, den restlichen Anteil bestreitet die Apfelsäure; Oxalsäure ist nicht vorhanden. Mit zunehmender Reife nimmt der Zitronensäurewert etwas ab, der Gehalt an Apfelsäure steigt leicht.

Ernährungswissenschaftler haben neben der Säurezusammensetzung auch analysiert, wel-

Foto © Daxiao Productions/shutterstock.com

Tomaten am Morgen vertreiben Kummer und Sorgen.

che Stoffe das typische Tomatenaroma bewirken. Der wichtigste Stoff ist Hexanal. Er liegt in mehreren unterschiedlichen Hexanal-Verbindungen vor.

Zusammensetzung von frischen Tomaten (Schwankungsbreite)

Energie kcal/kJ	16/66	13–19
Wasser %	94	93–95
Kohlenhydrate %	2,9	1,9–4,0
Roheiweiß %	0,8	0,7–1,0
Fett %	0,4	0,2–0,7
Rohfaser %	0,8	0,6–0,9
Mineralstoffe %	0,6	0,5–0,7
Organische Säuren %	0,5	0,3–0,7
pH-Wert	6,0	5,5–6,5

Mineralstoffe in 100 g frischen Tomaten

Kalium	235 mg
Natrium	3 mg
Magnesium	11 mg
Kalzium	9 mg
Phosphor	22 mg
Eisen	0,4 mg
Zink	0,1 mg

Folsäure-Lieferanten (mg/100 g)

Spinat	0,20
Eigelb	0,15
Endivie	0,14
Linsen	0,11
Vollkorn	0,10
Brokkoli	0,95
Tomate	0,05
Erdbeere	0,03

Wertvoller Ballast

Ballast steht meist für etwas Überflüssiges. Die **Ballaststoffe** in Nahrungsmitteln sind jedoch alles andere als nutzlos. Mindestens 30 Gramm sollten wir täglich von dieser Putzkolonne des Darms aufnehmen. Ballaststoffe beschleunigen nicht nur die Verdauung, sie wirken auch einem zu hohen Cholesterinspiegel entgegen, normalisieren den Blutzuckerspiegel, binden schädliche Stoffe, beugen Darmkrebs vor und sind die effektivsten Helfer gegen Übergewicht.

Tomaten liefern bis zu 1,8 Gramm Ballaststoffe in 100 Gramm Fruchtfleisch, der Durchschnittswert liegt bei 1 Gramm. Die geforderten 30 Gramm Ballaststoffe am Tag zu essen ist nicht einfach. Jedenfalls bleibt dann nur noch wenig Raum für Dickmacher, der Magen ist anderweitig gefüllt.

Knallroter Glücklichmacher

Die Natur hat uns mit der Tomate nicht nur ein vorzügliches Gesundheitspaket geschnürt, sie hat auch dafür gesorgt, dass wir mit der Sommerfrucht zugleich gute Laune genießen. Der Stimmungsmacher in der Tomate heißt **Tyramin**. Er bildet sich mit zunehmender Reife aus der Aminosäure Tyrosin. Das in vollreifen Tomaten reichlich enthaltene Tyramin hebt den Blutzuckerspiegel und hellt die Stimmung auf. Wer unter schlechter Laune und Stimmungsschwankungen leidet, sollte täglich fast schon überreife Tomaten roh essen.

Die Sonnenfrüchte enthalten einen weiteren Garanten für gute Laune: die **Folsäure**. Dieses B-Vitamin spielt eine zentrale Rolle bei der Produktion von Glückshormonen. Es sorgt dafür, dass ausreichend Nervenreizstoff Serotonin entsteht. Es bewirkt gesunden Schlaf und glückliche Gedanken. Zugleich verleiht Serotonin die nötige Zuversicht und Begeisterung, um die Alltagsanforderungen zu bewältigen.

Da der Körper Folsäure schwer aus der Nahrung aufschließen kann – Vitamin C wirkt hier förderlich –, müssen wir weitaus mehr aufnehmen, als der Organismus braucht, also mindestens 0,4 Milligramm; Stoffwechselexperten empfehlen sogar 0,6 Milligramm. Um diese Menge allein mit Tomaten zu decken, müsste man täglich über 1 Kilogramm essen – bei Spinat reichen 300 Gramm.

ACE-Gesundmacher

Zahlreiche Firmen werben mit ACE als Zauberformel für die Gesundheit. Das Kürzel steht für die **Vitamine A, C und E.** Die Tomate enthält alle 3 in ausgewogenen Mengen. Sie gelten als die wichtigsten Zellschutzstoffe, verhindern schädliche Ablagerungen in den rund 100 000 Kilometern Adern in unserem Körper und stärken das Immunsystem. Diese Helfer gegen Infektionen, Infarkte und Krebs trägt die Tomate aromatisch verpackt in sich.

Foto © Buchter

Rote Tomaten enthalten viel Lycopin, in gelben und grünen Sorten überwiegen die übrigen Carotinoide.

Vitamin A: Aus Lebensmitteln aufgenommen kann man Vitamin A nicht überdosieren. Nur synthetisch hergestelltes Vitamin A wirkt in hohen Mengen schädlich. Ansonsten regelt der Körper die Versorgung selbst: Bei Bedarf stellt er aus Carotinoiden Vitamin A her. Auch wenn Carotinoide im Überschuss verfügbar sind, wird nur die benötigte Menge Vitamin A gebildet. Dieses Vitamin spielt eine zentrale Rolle beim Sehvorgang, versorgt aber auch Binde- und Schleimhäute. Kinder benötigen viel Vitamin A für den Knochenaufbau und die Knorpelzellen. Tomaten enthalten reichlich Carotinoide, allerdings ist der Anteil am Carotinoid Lycopin größer als der Gehalt an Carotinoid-Verbindungen, aus denen der Körper Vitamin A herstellen kann.

Die wirksamste Vitamin-A-Vorstufe ist Betacarotin, in der Tomate mit durchschnittlich 0,8 Milligramm vertreten. Je nach Sorte, Reifegrad und Sonnenintensität beim Wachstum schwankt der Gehalt zwischen 0,2 und 2 Milligramm. Um den Tagesbedarf von 1 Milligramm Vitamin A zu bilden, benötigt der Körper 6 Milligramm Betacarotin oder 12 Milligramm andere Carotinoide.

Vitamin C: Das auch als Ascorbinsäure bezeichnete Vitamin ist nicht nur das bekannteste, es spielt auch die wichtigste Rolle im menschlichen Organismus. Seine Hauptfunktionen sind Immunschutz und Stabilisierung der Psyche. Als Immunhelfer trägt Vitamin C dazu bei, Krankheitserreger aller Art zu bekämpfen. Zugleich macht es freie Radikale unschädlich. Sie lassen die Zellen altern und können Tumoren fördern.

Vitamin C kräftigt zudem das Bindegewebe und glättet die Gefäßwände. Dadurch wirkt es Krampfadern und Hämorriden entgegen. Auch kräftige Kieferknochen, gesundes Zahnfleisch und feste Zähne beruhen auf guter Vitamin-C-Versorgung. 4 Tomaten (400 Gramm) decken den empfohlenen Tagesbedarf von 100 Milligramm. Unter den von Umweltbelastungen und persönlichem Stress geprägten Alltagsbedingungen raten Mediziner und Ernährungswissenschaftler aber, mindestens 300 Milligramm Vitamin C täglich aufzunehmen.

Vitamin E: Dieser Freund der Körperzellen setzt sich aus mindestens 8 verschiedenen Tokopherolen zusammen. Die Moleküle ähneln insofern den Schneeflocken, als jedes eine einzigartige Struktur hat. Synthetisch hergestellte Moleküle sind dagegen alle gleich. Vitamin E ist ein effektiver Radikalfänger. Nehmen wir zu wenig davon auf, werden die Fettsäuren in unserem Körper angegriffen. Eine Folge sind Altersflecken. Mangel äußert sich auch in Form von welker Haut, Nervosität, Konzentrationsschwäche, Durchblutungsstörungen, schlechter Wundheilung und Sehschwäche.

Foto © Buchter

Gekochte Tomaten sind wichtige Lycopin-Lieferanten.

Vitamingehalt in mg in 100 g frischen Tomaten

Vitamin	Gehalt in mg	Tagesbedarf in mg
Vitamin A (Retinol)	0,10	1
Vitamin C (Ascorbinsäure)	25	100
Vitamin E (Tokopherol)	1,20	12
Folsäure	0,05	0,3
Vitamin B_1 (Thiamin)	0,06	1,2
Vitamin B_2 (Riboflavin)	0,04	1,6
Vitamin B_5 (Niazin)	0,50	1,6
Vitamin B_6 (Pyridoxin)	0,10	1,7

Biochemiker empfehlen, täglich 15 Milligramm Vitamin E aufzunehmen. Kürbiskerne zählen mit 30 Milligramm pro 100 Gramm zu den besten Vitamin-E-Lieferanten, aber auch Walnüsse liefern vergleichbare Mengen. Unter den Gemüsearten heben sich Schwarzwurzeln mit 6 Milligramm hervor, Tomaten enthalten wie Eier 1,2 Milligramm pro 100 Gramm.

Nervenstärker

Die nervenstärkenden B-Vitamine treten in der Natur gemeinsam auf. Sie können auch nur im Zusammenspiel ihre Funktionen voll erfüllen. Da der gesamte Vitamin-B-Komplex wasserlöslich ist, wird er rasch ausgeschieden und muss laufend neu ersetzt werden. Von einer guten Versorgung profitieren neben den Nerven auch Haut, Haare, Augen, Muskeln und Verdauung. Mangel äußert sich durch Haar-

Foto © Hannamariah/shutterstock.com

Die ideale Vitamin-C-Mahlzeit: Tomaten mit Milchprodukten und Vollkornbrot.

ausfall, frühzeitiges Ergrauen, Depressionen, Müdigkeit, Schlafstörungen, Nervenschwäche, Verdauungsstörungen und Hautkrankheiten. Die Tomate bietet einen bunten Querschnitt an B-Vitaminen – auch die Folsäure zählt dazu. Allerdings lässt sich der Tagesbedarf nicht allein durch dieses Fruchtgemüse decken. Je nach B-Vitamin müsste man täglich 2 bis 4 Kilogramm Tomaten essen. Man kann die Versorgung aber mit Nüssen und Samen unterstützen. Auch Vollkorn, Milchprodukte und Bierhefe sind gute Vitamin-B-Lieferanten.

Darmputzer und Cholesterinsenker

Die zu den sekundären Pflanzenstoffen zählenden Saponine bewirken einen leicht bitteren Geschmack, können die Blutkörperchen zersetzen, Fett emulgieren und schäumen. In unserer Nahrung gelten sie als wertvolle Helfer für die Gesundheit. Sie verhindern, dass im Darm krebserregende sekundäre Gallensäuren produziert werden, die vor allem bei fettreicher Nahrung entstehen. Das Krebsrisiko erhöht sich, wenn Saponine fehlen, um den Darm davon zu säubern. Zugleich stärken diese sekundären Pflanzenstoffe das Immunsystem und ziehen schädliches Cholesterin aus dem Verkehr.

Das Fruchtfleisch von Tomaten ist vergleichsweise reich an Saponinen. Die besten Lieferanten sind etwa Kichererbsen und Bohnenkerne. Aber auch Erbsen, Rote Bete/Rote Rüben, Spargel, Möhren/Karotten und Spinat steuern Saponine bei.

Orangerote Wunderwaffe gegen Krebs

Viele pflanzliche Nahrungsmittel enthalten biologische Schutztruppen gegen Krebs. Je inten siver rot oder orange sie gefärbt sind, desto mehr Krebshemmer in Form von Carotinoiden enthalten sie.
Carotinoide sind rote, orangefarbene und gelbe Pflanzenfarbstoffe, es gibt über 600 verschiedene Verbindungen. Die bekannteste ist Betacarotin, aus dem der Körper leicht Vitamin A herstellen kann.
Nicht nur offensichtlich orangefarbene und hellrote Gemüsearten wie Möhre/Karotte, Paprika und Kürbis, auch grüne Gemüse wie Brokkoli, Grünkohl, Spinat und Salat stecken voller Carotinoide. Hier überdeckt der gleichzeitig enthaltene grüne Farbstoff Chlorophyll jedoch die Rot- oder Gelbfärbung. Es gibt nur wenige Früchte, die wie die Tomate eine besondere Carotinoid-Zusammensetzung haben. Die kräftig roten Sorten enthalten hohe Mengen der Carotinoid-Verbindung Lycopin, gelbe und weiße Sorten sind wie die meisten anderen Obst- und Gemüsearten nur schwach mit dieser äußerst effektiven Wunderwaffe gegen Krebs ausgestattet.

Die rote Tomate hat eines mit dem Menschen gemeinsam: 70 Prozent unserer Zellschutzstoffe sind Lycopene. Sie stabilisieren die Zellwände und schützen die in der Zelle eingelagerten Organellen. Genau dasselbe bewirken sie auch in der Tomate.
Seit man weiß, wie wichtig Lycopin für den menschlichen Organismus ist, haben sich Biochemiker, Mediziner und Ernährungswissenschaftler rund um die Welt dieser Substanz angenommen. Das Ergebnis: Lycopin, eine bioaktive Substanz der sekundären Inhaltsstoffgruppe der Carotinoide, ist eine der wirksamsten Schutzwaffen gegen Krebs und Infarkte.
Dass Carotinoide wichtige Radikalfänger sind und so die Zellen vor Angriffen und möglichen Tumoren schützen, ist seit Langem bekannt. Vielerlei Studien belegen die Sonderstellung des Carotinoids Lycopin. Dieser Rotfarbstoff, den nur Tomatenprodukte in hohen Mengen enthalten, ist ein um das 2,5-Fache wirksamerer Radikalfänger als die übrigen Carotinoide. In Reagenzglasversuchen hemmte Lycopin Krebs sogar 10-fach wirksamer als Betacarotin.

Pillen sind kein Ersatz

Wird ein Pflanzeninhaltsstoff als effektiver Gesunderhalter erkannt, versucht die pharmazeutische Industrie sofort, entsprechende Präparate anzubieten. So gibt es auch Lycopin-Kapseln in der Apotheke – das Arzneimittelverzeichnis Gelbe Liste Pharmaindex zählt 25 Präparate mit Lycopin auf. Allerdings konnten amerikanische Biochemiker nachweisen, dass der Körper Lycopin-Gaben in dieser Form weit weniger gut aufnimmt als aus Tomatenprodukten.

Lycopin-Gehalt in mg/100 g

Rohe Tomate	3
Rosa Grapefruit	4
Wassermelone	4
Tomatensaft	10
Tomatensoße	14
Tomatenketchup	16
Chilisoße	19
Spaghettisoße	22
Tomatenmark	42

Langjährige Beobachtungen der Essgewohnheiten von 470 000 Männern im Alter zwischen 40 und 75 Jahren ergaben einen nachweislichen Zusammenhang zwischen Prostatakrebs und Tomatenkonsum. In der Gruppe, die wöchentlich 4 bis 7 Tomatenmahlzeiten zu sich nahm, trat ein Fünftel weniger Prostatakrebs auf. Bei 10 Tomatenmahlzeiten pro Woche waren es sogar knapp die Hälfte. Das Ergebnis entspricht der Tatsache, dass es in den mediterranen Tomatenländern wie Italien und Griechenland kaum Probleme mit dieser Krebsart gibt.
Lycopin, das bis zur Hälfte den Carotinoid-Gehalt in unserem Blut ausmacht, hat sich auch als wirksame Vorbeugung gegen andere Krebsarten erwiesen. Bei Frauen mit hohem Lycopin-Spiegel im Blut tritt ein Drittel weniger Gebärmutterhalskrebs auf. Ähnlich positiv wirkt sich der Tomatenkonsum in Bezug auf Haut-, Blasen-, Lungen-, Brust-, Magen-, Darm- und Bauchspeicheldrüsenkrebs aus.
Neben dem Krebsschutz vermindert Lycopin das Risiko, im Alter zu erblinden. Auch die Gefahr von Herzinfarkten und Herz-Kreislauf-Erkrankungen reduziert sich auf die Hälfte, wenn der Organismus beständig ausreichend mit Lycopin versorgt wird. Lycopin speichert der Körper in Lunge, Leber, Dickdarm, Prostata und auch in der Haut.

Positives Erhitzen

Beim Verarbeiten von frischem Obst und Gemüse gehen zahlreiche Inhaltsstoffe verloren, wichtige Vitamine werden zerstört. Die Tomate bildet auch hierin keine Ausnahme – mit einem Unterschied: So richtig verfügbar wird das in ihr enthaltene Lycopin für unseren Organismus erst, wenn die Tomate erhitzt und mit etwas Öl versetzt wurde. Lycopin liegt in der Tomate oder in frischem, unerhitztem Tomatensaft in einer als trans-Form bezeichneten Struktur vor. Beim Erhitzen in Verbindung mit etwas Öl löst es sich aus den Zellen und verwandelt sich in die für den Körper leicht aufnehmbare cis-Form.
Diese biochemischen Zusammenhänge machen verständlich, weshalb verarbeitete Tomaten die

Foto © Buchter

Cocktailtomaten sind ein wunderbarer Snack, den man mehrmals täglich genießen kann.

besseren Lycopinlieferanten sind als die frische Frucht oder nicht erhitzter Saft. Das von vielen Gourmetköchen verschmähte Tomatenketchup erfüllt im Hinblick auf den Krebsschutz eine wichtige Funktion: Es ist vielfach die einzige Form, in der Kinder und Fastfood-Esser gern und oft Tomaten zu sich nehmen.

Amerikanische Krebsforscher empfehlen, täglich 500 Milliliter erhitzten Tomatensaft zu trinken oder dieselbe Menge Tomaten in Form von Tomatensoße, -mark und sonstigen Verarbeitungsprodukten zu sich zu nehmen, um das Krebs- und Infarktrisiko zu senken. Ernährungswissenschaftler sind etwas verhaltener: Sie meinen, die in 200 Gramm Tomaten enthaltene Lycopinmenge reiche als effektiver Gesundheitsschutz.

Wichtig ist in jedem Fall, dass wir den Körper täglich mit Lycopin versorgen. Nach einer Tomatenmahlzeit steigt zwar der Lycopin-Gehalt im Blut deutlich an, sinkt aber wieder, wenn der Nachschub fehlt. Ein gleichmäßig hoher Lycopinspiegel ist aber wichtig, damit dieser rote Farbstoff seine Funktion als Zellschutzsubstanz wahrnehmen kann. Lycopin ist dabei nicht nur ein Radikalfänger, es übernimmt auch Funktionen der Wachstumskontrolle und Zellkommunikation.

Täglich Gesundheit genießen

Der Blick auf die Inhaltsstoffe der Tomate spricht für sich. Dabei macht es uns dieses Sonnengemüse einfach, die fast schon als Medizin wirkenden Stoffe aufzunehmen. Sie sind appetitlich verpackt und in roher wie auch gekochter Form so wohlschmeckend, dass wir gern zugreifen.

Es ist aber nicht allein das Lycopin, das den Gesundheitswert der Tomate ausmacht. Weitere Inhaltsstoffe halten uns fit. Als Krebsschützer wirken außer Carotinoiden und Vitaminen wie C und E auch die in der Tomate reich vertretenen Verbindungen Chlorogensäure und para-Cumarinsäure. Sie tragen dazu bei, die Bildung von Nitrosaminen zu hemmen, die als gefährliche Krebsauslöser gelten.

Die Schale der Tomate ist reich an Silizium, einem für unsere Haut, Haare, Knochen, Gefäße und das Bindegewebe wertvollen Spurenelement. Es beugt Arteriosklerose vor und reinigt das Gehirn von schädlichen Schwermetallen. Man sollte also Tomaten keinesfalls schälen. Dabei gehen neben dem wertvollen Silizium auch ein Teil der Vitamine und etliche Flavonoide verloren. Diese bioaktiven Substanzen aus der Gruppe der Polyphenole sind wie die Carotinoide wichtige Radikalfänger und schützen vor Arteriosklerose, Infarkten, Krebs und grauem Star.

Wer gern Obst und Gemüse isst, fragt nicht, welche Mengen er davon täglich essen und auf wie viele Gaben er sie verteilen soll. Ein Kilogramm ist schnell verzehrt: 1 Apfel, 1 Orange, 2 Toma-

Tomaten sind Teil der „gesunden Jause" in Schule und Büro.

ten, 1 Portion Möhren/Karotten-Gemüse, 1 Glas Traubensaft, 1 große Essiggurke und etwas Dörrobst liefern mindestens dieses Quantum. Führende Krebsforscher fordern nur gut die Hälfte davon. Um uns anhaltend gesund zu ernähren, sollten wir laut Empfehlung der Ernährungsexperten täglich 300 Gramm Obst und ebenso viel Gemüse bzw. Salat zu uns nehmen, davon die Hälfte gekocht, den Rest roh.

Damit der Körper gleichmäßig mit allen Gesundheitsförderern versorgt wird, die Obst und Gemüse enthalten, sollten wir den ganzen Tag nutzen und die geforderten Mindestmengen in 5 Einheiten über den Tag verteilt essen. Hinter diesem als „5 a day" oder „5 am Tag" bezeichneten Ernährungskonzept stehen Krebsforscher, Ernährungswissenschaftler, Gesundheitsministerien und Krankenkassen.

Foto © Buchter

Ein gut geplanter Gemüsegarten bietet uns das gesamte Jahr über Gesundes.

Die Tomate fügt sich ausgezeichnet in dieses Gesundheitskonzept. Wie Erdbeeren oder Äpfel lässt sie sich als frischer Zwischendurchsnack genießen – als Bürofrucht am besten in Form der kleinen aromatischen Cocktailtomaten. Die Natur schenkt uns damit Gesundheit, die sich angenehm einnehmen lässt.

Saisonal gesund leben

Die Tomate liefert so viel Lycopin wie kein anderes Nahrungsmittel. Als eine der wenigen Quellen für diesen Zellschutzstoff sollte man sie rund ums Jahr genießen. In Form der am meisten Lycopin enthaltenden Verarbeitungsprodukte Mark, Saft, Soße und Ketchup ist die Tomate zu jeder Jahreszeit problemlos verfügbar – dem täglichen Konsum steht also nichts im Wege.

Sobald die eigentliche Saison mit frischen Früchten beginnt, sollte man eine den ganzen Sommer währende Kur starten und jeden Tag 2 oder 3 vollreife Tomaten roh genießen. Auf diese Weise kommen uns auch alle jene Gesundheitswirkungen zugute, die gerade frische Früchte in besonderem Maße bieten. Der erfrischende, belebende und die Psyche stärkende Effekt beruht nicht nur auf Inhaltsstoffen wie Tyramin, Vitaminen und Fruchtsäuren. Hier spielt auch der hohe Kaliumgehalt und die Entwässerung unserer Zellen eine Rolle. Der Körper wird dabei sanft entschlackt.

Kommt reichlich Bewegung an der frischen Luft hinzu, sodass unsere Zellen mit Sauerstoff durchflutet werden, ist ein froher Sommer voller Spannkraft und Lebensfreude garantiert.

In Bezug auf die Entschlackung und Verjüngung reiht sich die Tomate ideal in den saisonalen Reigen der Fitmacher. Die Saison der Fitnessbringer beginnt mit Spargel im Mai, ihm folgt sogleich die heimische Erdbeere im Juni. In voller Sonne ausgereifte Tomaten schließen sich den Erdbeeren an. Nimmt die Sonnenin-

Das reiche Tomatensortenspektrum ist gut für unsere Gesundheit.

tensität im Oktober ab, gibt es bereits einen weiteren wirksamen Entschlacker, der sich problemlos bis zur neuen Spargelernte lagern lässt: der Gemüsekürbis.

Gesundheitswirkungen der Tomate

Tomaten ...

- heben dank des enthaltenen Tyramins unsere Stimmung
- gleichen den Blutzuckerspiegel aus
- fördern einen gleichmäßigen, erholsamen Schlaf
- festigen Bindegewebe, Adern, Skelett und Zähne
- beleben Gehirn und Nerven
- verjüngen Haut und innere Zellen
- vertreiben Müdigkeit und Mangel an Spannkraft
- schützen die Schleimhäute unseres Körpers
- kurbeln den Zellstoffwechsel an
- beschleunigen die Wundheilung
- kräftigen Herz und Kreislauf
- wirken entwässernd und harntreibend
- steuern die Hormonbildung
- gleichen den Cholesterinspiegel aus
- verhindern, dass schädliche Gallensäure im Darm entsteht
- stärken das Immunsystem
- beugen als Radikalfänger (Antioxidanzien) Krebs vor
- hemmen schädliche Nitrosamine
- regulieren die Verdauung

Foto © Iakov Filimonov/shutterstock.com

Tomaten in der Küche

Es ist gar nicht schwierig, die in den Sommerfrüchten gespeicherte Sonne für den Winter zu konservieren. Als Saft, Mark oder selbst gemachtes Ketchup, getrocknet, tiefgefroren oder eingelegt – die Tomatenernte aus dem Garten lässt sich in vielerlei Formen haltbar machen. Die besonders in den vollreifen Früchten reichlich enthaltenen Gesundheitsstoffe kommen uns dann auch im Winter zugute.
Frisch genossen macht die Tomate ihrem Namen Tomaten – Paradiesfrucht – alle Ehre. Aber auch in konservierter Form hat sie einiges zu bieten. Beliebt sind Tomatenmark, Schältomaten, Tomatensaft, getrocknete Tomaten und das allgegenwärtige Ketchup. Diese Produkte sind der Versuch, einen Teil der in der Sommerfrucht gespeicherten Sonne für den Winter zu sichern.

Allerlei Tomatenprodukte

Es gibt wenige Gemüsearten, die nicht nur roh eine Fülle von Geschmackserlebnissen bieten, sondern auch gekocht ein besonderes Aroma und zusätzliche Gesundheitswirkungen entfalten, die nur der Hitzeeinwirkung zu verdanken sind. Dass die Tomate das Gemüse ist, das weltweit am meisten angebaut und verarbeitet wird, liegt neben der Geschmacksfülle, der einfachen Handhabung und der vielseitigen Verwendung sicher auch daran, dass sie Sommer und Sonne verkörpert. Es erscheint geradezu selbstverständlich, dass man versucht, sie in für alle möglichen Anwendungen geeigneter Form zu konservieren.

Am meisten verbreitet sind Konzentrate für Suppen und Soßen, Dosen und Tetrapacks mit ganzen, gestückelten oder pürierten Tomaten, Trockenfrüchte, in Olivenöl eingelegte Dörrtomaten und das gewürzte Ketchup.
Süßsauer oder milchsauer eingelegte Tomaten gibt es kaum noch im Handel. Dafür dient die Tomate als Bestandteil zahlreicher anderer Lebensmittel wie Fischkonserven in Tomatensoße, Salsas, Fertigeintöpfen, Fertigsuppen, Nudelgerichten und Pizzas.

Tomatensaft

Im Gegensatz zu Obstsäften enthalten die meisten Gemüsesäfte weniger Säuren, und die Kohlenhydrate liegen zum größeren Teil als Stärke und nicht wie beim Obst in Zuckerform vor. Die Tomate entpuppt sich hierin als echte Frucht, auch wenn sie statistisch bzw. umgangssprachlich als Gemüse gilt. Sie bietet im Saft reichlich freie Säuren und Zucker. Im Handel erhältlicher, durch Erhitzen stabilisierter Tomatensaft ist fast durchweg gesalzen, je nach Hersteller unterschiedlich stark. Der durchschnittliche Salzgehalt liegt bei 0,6 Gramm je Liter.
Am besten schmeckt Direktsaft, also unmittelbar aus frischen Früchten gepresster und sofort haltbar gemachter Tomatensaft. Er bietet nicht nur geschmacklich, sondern auch im Hinblick auf die ge sundheitsfördernden Inhaltsstoffe deutlich mehr als Säfte aus Konzentraten. Vereinfacht dargestellt handelt es sich bei Produkten, die aus Konzentraten hergestellt wurden, um eine Art eingedampftes Tomatenmark, dem zu gege-

bener Zeit dieselbe Menge an Leitungswasser zugesetzt wird, wie zuvor an von der Frucht eingelagertem Wasser entzogen wurde.

Zusammensetzung von Tomatensaft (Schwankungsbreite)

Inhaltsstoffe	Handelssäfte	Frisch gepresst
Gesamtzucker g/l	35 (23–49)	34 (22–49)
Titrierbare Säure g/l	3,9 (3,1–4,9)	5,1 (3,5–8,7)
Asche g/l	4,5 (3,6–5,7)	5,4 (3,8–6,7)
Kalzium mg/l	85 (46–240)	45 (15–115)
Magnesium mg/l	110 (80–140)	70 (60–90)
Kalium mg/l	2500 (1900–3000)	2700 (1900–3500)
Phosphat mg/l	390 (320–480)	440 (240–560)
Sulfat mg/l	210 (110–360)	200 (90–250)
Nitrat mg/l	10 (1–30)	6 (1–20)
Vitamin C mg/l	0–290	5–180

Foto © Africa Studio/shutterstock.com

Direkt gepresster Tomatensaft ist aromatischer und inhaltsstoffreicher als Konzentratsaft.

Foto © 54613/shutterstock.com

Schältomaten fehlt die siliziumreiche Haut.

Schältomaten

Neben fein gestückelten Tomaten in der Dose sind Schältomaten als Zugabe zu Aufläufen, Suppen und Soßen beliebt. Es handelt sich meist um geschälte, als ganze Frucht weich gekochte Flaschentomaten. Im Prinzip werden Schältomaten ähnlich hergestellt wie für den Eigenbedarf in der Küche. Die gewaschenen und aussortierten Frischfrüchte müssen heißem Wasser oder Dampf ausgesetzt sein, damit die Schale aufplatzt und sich ablöst. Die von der Schale befreiten Früchte werden dann meist in Dosen, seltener in Gläser abgefüllt und sterilisiert.

Tomatenmark

In Tuben, Gläschen oder Döschen unterschiedlicher Größe ist Tomatenmark in jedem Lebensmittelgeschäft erhältlich. Meist 2- oder 3-fach konzentriert handelt es sich dabei um ein dunkelrotes Püree, dem ein Teil des Wassers entzogen wurde. Manche Hersteller fügen Salz oder Säuerungsmittel bei. Neben dem reinen Konzentrat gibt es auch Tomatenmark, dem andere Gemüse und Kräuter wie Sellerie, Petersilie oder Möhren/Karotten beigemischt sind.

Das angebotene Mark unterscheidet sich vor allem im Hinblick auf die enthaltene Trockenmasse. 1-fach konzentriertes Mark hat einen Trockengehalt von 14 Prozent, 2-fach konzentriertes Mark enthält 28 Prozent Trockensubstanz, 3-fach-Konzentrate bringen es auf 36 Prozent Trockenmasse. Der Herstellungsprozess ist einfach: Die frischen Tomaten werden gewaschen und sortiert, dann blanchiert und grob zerkleinert. Nach einem Siebvorgang erfolgt die Konzentrierung durch Erhitzen.

Aus Tomatenmark lassen sich Suppen und Soßen zubereiten, es dient auch als Würze in Salatdressings, bei Fleischgerichten wie Pasteten und Rouladen oder zum Verfeinern von Aufläufen. Beliebt ist der rasch zubereitete Tomatenmarkaufstrich auf Pizzaböden. Das

Foto © Inga Nielsen/shutterstock.com

Einfach konzentriertes Tomatenmark.

Foto © Buchter

Getrocknete Tomatenscheiben.

Grundrezept kann man mit verschiedenen Kräutern und Gewürzen abwandeln. Die einfachste Variante für einen runden Pizzaboden von 25 Zentimetern Durchmesser besteht aus 3 Esslöffeln Tomatenmark, verrührt mit 1 Esslöffel Olivenöl und 1 Esslöffel fein gehacktem Basilikum, je nach Geschmack auch mit Oregano und einer sehr fein geschnittenen Knoblauchzehe.

Mein Tipp

Für verschiedene Gerichte bietet es sich an, einen Teil des im Rezept vorgesehenen Wassers bzw. der Gemüsebrühe durch Tomatensaft zu ersetzen und dann beim Abschmecken entsprechend weniger zu salzen, sofern es sich um gekauften, gesalzenen Saft handelt. Eine besondere Note verleiht frischer Tomatensaft den Speisen. Das fruchtige Aroma verfeinert Suppen und Soßen aller Art.

Getrocknete Tomaten

Da frische Tomaten über 90 Prozent Wasser enthalten, kostet es einige Zeit und Energie, ganze Früchte zu trocknen. Für den Hausgebrauch ist es deshalb einfacher, nur Hälften oder dünne Scheiben zu dörren. Auf dem Markt – vor allem südlich der Alpen – werden auch als ganze Früchte gedörrte Flaschentomaten gehandelt.

Liebhaber von Dörrtomaten bevorzugen an der Sonne getrocknete Früchte. Im Gegensatz

zu technischen Wasserentzugsverfahren hat das schonende Trocknen unter freiem Himmel deutliche Vorteile in Bezug auf Geschmack, Textur und Farbe. Je nach Fruchtgröße und Sonnenintensität dauert der Trocknungsprozess 7 bis 10 Tage.
Dieses Verfahren war bereits im alten Ägypten bekannt. Der Vorgang hat sich kaum geändert: waschen, halbieren, mit wenig Salz bestreuen, auf Trockenrahmen auslegen und in die Sonne stellen. Heutige Hersteller waschen die fertig getrockneten Früchte nochmals und trocknen sie dann kurz im Trockenofen nach. Dabei wird das beim zweiten Waschvorgang aufgenommene Wasser entfernt und alle Dörrtomaten werden auf denselben Trocknungsgrad vereinheitlicht.

Gekauftes Ketchup beinhaltet oft viel Zucker.

Ketchup

In den USA ist Ketchup die am meisten verbreitete Würzsoße. Es findet sich in über 90 Prozent aller Küchen – noch häufiger sind nur Salz, Pfeffer und Zucker vertreten. Die Altersgruppe bis zu 13 Jahren konsumiert 50 Prozent mehr Ketchup als alle anderen Altersstufen.
Der amerikanische Marktführer Heinz liefert über die Hälfte des im Land verzehrten Ketchups und erzielt auch gut die Hälfte seines Umsatzes von rund 10 Milliarden Dollar in den USA. Angefangen hat alles mit Henry John Heinz, der 1876 mit erst 25 Jahren seine erste Flaschensoße auf den Markt brachte. Sein Leitspruch war „Was für einen Menschen der Charakter, ist für ein Produkt die Qualität".
Auch wenn der Amerikaner Heinz 1876 seine erste Tomatenketchupflasche auf den Markt brachte, liegt der eigentliche Ursprung der weltweit erfolgreichsten kalten Soße in Asien. In China gab es bereits Mitte des 15. Jahrhunderts eine Gewürzsoße aus eingelegten Schalentieren, koetchiap oder ketsiap genannt. Englische Seefahrer brachten Ende des 17. Jahrhunderts eine solche Soße aus China, die sich aus Salzlake, Gewürzen und Kräutern zusammensetzte. Die Briten nannten diese Spezialität Kechap und versuchten, die Würzsoße selbst herzustellen. Mangels asiatischer Zutaten verwendeten sie Pilze, Nüsse, Gurken, Äpfel, Pflaumen und Bananen. Solche Soßenzubereitungen gelangten mit englischen Einwanderern nach Nordamerika. Hier wurden schon bald Tomaten als Grundbestandteil verwendet – das Tomatenketchup war geboren und eroberte von Amerika aus die Küchen der Welt.
Die Hauptbestandteile von Tomatenketchup sind Tomaten, Zucker, Essig und Gewürze. Je höher der Anteil an Tomaten ist, desto fruchtiger schmeckt es. Beim Einkauf sollte man darauf achten, dass die Hersteller auf Konservierungsstoffe und Bindemittel verzichten. Auch ein Blick auf den Tomatenanteil und Zuckergehalt lohnt sich. Je nach Hersteller schwankt der Tomatengehalt zwischen 65 und 80 Prozent, beim Zucker zwischen 14 und 28 Gramm je 100 Gramm, also über ein Viertel.

Mein Tipp

Glas ist den Kunststoffflaschen vorzuziehen, da das enthaltene Produkt dem Glas mit Sicherheit keine schädlichen Stoffe entziehen kann. Kunststoffe sind als Lebensmittelbehälter besonders für fett- oder säurehaltige Lebensmittel umstritten.

Foto © Buchter

Vollreife Tomatenbesonderheiten.

Vom richtigen Umgang in der Küche

Auch wenn die roten Früchte zur Haupterntezeit am besten schmecken, in der Küche werden sie das ganze Jahr über verwendet. Umso wichtiger ist es, beim Einkauf auf gute Qualität zu achten und die Tomaten unter optimalen Bedingungen zu lagern. Im Sommer gekaufte oder geerntete Früchte lassen sich ohne großen Aufwand haltbar machen. Das spart teure Tomateneinkäufe während der kalten Jahreszeit. Da einige in der Tomatenfrucht enthaltenen Gesundmacher zudem nur nach dem Erhitzen frei werden, ist das Konservieren gleich doppelt sinnvoll.

Hochwertige Früchte einkaufen

Nicht jeder hat die Möglichkeit, Tomaten auf dem Balkon oder im Garten zu ziehen und sich mit frischen, an der Pflanze optimal ausgereiften Früchten zu versorgen. Wer trotzdem vollaromatische Tomaten essen will, muss beim Einkauf besonders aufpassen und die roten Fitmacher dann auch richtig aufbewahren.
Damit die Tomate ihr ganzes Aroma entwickeln kann, benötigt sie viel Sonne. Deshalb schmecken im Hochsommer gereifte Tomaten am besten. Wichtig ist zudem, dass die Früchte an der Pflanze ausreifen konnten. Dies ist jedoch nur möglich, wenn sie keine langen Transporte überstehen müssen.
Tomaten vollreif zu ernten, kann sich nur der Direktvermarkter erlauben, der seine Produkte umgehend an seiner Hofstelle oder auf dem Wochenmarkt anbietet. Solche richtig reifen Tomaten sind dann für den Sofortverzehr gedacht – sie schmecken aber auch so gut, dass man sie bestimmt rasch isst. Bei importierten Früchten ist die Qualität der angebotenen Frischware ebenfalls gestiegen. Die besten Tomaten bieten dabei nach wie vor Obst- und Gemüsefachgeschäfte an.
In lichtärmeren Zeiten können die Früchte das Aroma nicht ganz ausbilden. So richtig nach Tomate schmecken im Winter deshalb nur die Importe aus sonnenreichen Regionen. Diese Früchte müssen allerdings lange Transporte hinter sich bringen und deshalb schon vor der Vollreife geerntet werden. Hinzu kommt, dass die Belastung von Klima und Umwelt, die durch die weiten Transporte entsteht, zunehmend bedenklich ist.

Die passende Sorte

Im Grunde genommen lassen sich aus allen Tomatenformen und -sorten sämtliche Rezepte verwirklichen. Bei Gerichten, die aus rohen Tomaten zubereitet werden, macht sich die sorgfältige Auswahl der Sorte aber bemerkbar. Besonders aromatische Züchtungen sollten hier zum Einsatz kommen, selbstverständlich voll ausgereift.

Flaschen- oder Eiertomaten beispielsweise sind eher Kochfrüchte, Fleischtomaten lassen sich leicht aufschneiden und bieten sich von daher für Gerichte mit ganzen Scheiben an. Cocktail- oder Cherrytomaten schmecken nicht nur sehr intensiv, sie verleihen Mischsalaten ein besonders apartes Aussehen. Sonderformen wie die innen hohle Sorte 'Gelbe zum Füllen' bieten sich für spezielle Gerichte an: gefüllte Paradeiser oder Rezepte, bei denen es vorteilhaft ist, wenn die Tomaten nicht so sehr saften. Auch Kombinationen mit verschiedenfarbigen Sorten haben ihren eigenen Reiz. Geschmacklich geben aber eher die Sorte als solche und der Reifegrad vor, wie aromatisch das fertige Gericht mundet, die Farbe selbst hat meist nur optischen Einfluss.

Tomaten richtig aufbewahren

Obst und Gemüse hält sich umso länger, je kühler es aufbewahrt wird. Diese allgemeine Regel gilt auch für die wärmeliebende Tomate, wenn man sie möglichst lang lagern will. Da sich das arttypische Aroma aber nur bei Zimmertemperatur voll entfaltet, sollten Früchte, die in den nächsten 1 bis 3 Tagen verzehrt werden, warm lagern. In jedem Fall sollte man kühl aufbewahrte Tomaten mindestens einen halben Tag vor dem Zubereiten aus dem Kühlschrank holen.

Tomaten veratmen ihre Inhaltsstoffe schneller, wenn Äpfel in der Nähe liegen. Äpfel verströmen das Reifungsgas Ethylen. Aber auch Tomaten geben Ethylen ab, sodass in ihrer Nachbarschaft gelagerte Gurken, Brokkoli und Salat rasch vergilben, Blumenkohl/Karfiol verliert seine Knackigkeit.

Tomaten schälen

Wie bei Paprika und Äpfeln enthält auch die Haut der Tomate viele wertvolle Inhaltsstoffe. Wer Äpfel schält, reduziert beispielsweise den Gehalt an Flavonoiden drastisch – und damit einen Teil der Wirkstoffe, die uns vor Krebs schützen. Geschälte Tomaten bieten unter anderem deutlich weniger Silizium und Ballaststoffe. Für Suppen und Soßen kann man die Früchte mit einem Mixer oder Pürierstab zerkleinern. Die Haut wird dabei so fein zerrieben, dass keine störenden Fetzen zurückbleiben. Müssen Tomaten aus irgendwelchen Gründen dennoch geschält werden, schneidet man sie an der Spitze, also gegenüber vom Stielansatz, kreuzweise ein und taucht sie einzeln mit einem Sieb oder Schaumlöffel in kochendes Wasser. Sobald sich die Haut an den Einritzstellen zu lösen beginnt, holt man die Tomaten aus dem Kochwasser und zieht sie mit einem spitzen Messer ab. Mit oder ohne Schale – der grüne Strunk gehört grundsätzlich entfernt. Er ist faserig hart und enthält winzige Mengen an Solanin, die sich durch das Wegschneiden leicht entfernen lassen.

Mein Tipp

Sie können sich die Arbeit des Strunk-Entfernens erleichtern: ganz einfach beim Halbieren der Frucht knapp links oder rechts vom Stielansatz durchschneiden. Auf diese Weise ist dann nur noch eine Hälfte auszuschneiden. Schneiden Sie dagegen mitten durch die Ansatzstelle, fällt diese Arbeit für jede Hälfte an.

Tomaten haltbar machen

Erntefrische Tomaten für den Winter zu konservieren ist auf verschiedene Weise möglich. Die wichtigsten Verfahren sind Tiefgefrieren, Trocknen und Pasteurisieren. Aber auch milchsaures Einlegen oder süßsaures Einmachen ist möglich. Ebenfalls beliebt sind Tomatenwürzsoßen und Chutneys.

- **Einfrieren:** Am platzsparendsten ist es, vom Strunk befreite Tomaten zu mixen und portionsweise einzufrieren. Man kann die entstrunkten Früchte auch vierteln, auf ein Blech setzen und auf diese Weise lose einfrieren. Die getrorenen Viertel lassen sich problemlos in große Dosen füllen und den Winter über einzeln entnehmen. Natürlich ist es genauso möglich, kleine Früchte ganz einzufrieren. Bei großen Fleischtomaten bietet es sich an, Würfelchen zu schneiden. Eingefrorene Tomaten halten sich bis zur neuen Ernte im nächsten Sommer.

- **Trocknen:** In unserem Klima ist es höchstens an heißen Sommertagen möglich, Tomaten an der Sonne zu trocknen. In südlichen Ländern werden sie flach ausgelegt und von Netzen geschützt auf speziellen Trockengestellen während gut einer Woche im Freien gedörrt. Ähnliche Dienste leisten Dörrgeräte. Wichtig ist aber, dass die Trocknungstemperatur 50 °C nicht übersteigt. Sind die Tomaten zu großer Hitze ausgesetzt, karamellisiert der enthaltene Zucker, das Geschmacksbild verändert sich und die Farbe wird unansehnlich braun. Am schnellsten geht es, wenn man die Tomaten in dünne Scheiben schneidet. Getrocknet eignen sie sich nicht nur als Zugabe für Suppen und Soßen, sie schmecken auch vorzüglich als fruchtiger Snack. Längere Trocknungszeiten benötigen Fruchtviertel und hälften. Sie werden mit der Schnittfläche nach oben in den Dörrapparat geschichtet.

  Wer kein Trocknungsgerät besitzt, kann auch den Backofen zum Dörren verwenden. Ideal ist ein Heißluftofen, eingestellt auf 45 °C. Die Ofentür muss einen Spalt offen stehen, damit die Feuchtigkeit gut entweichen kann.

- **Einlegen:** Tomaten lassen sich in Essig-Zucker-Lösung einlegen. Dazu gibt es verschiedene Rezepte. Das Grundprinzip ist einfach: Möglichst kleine, vollreife Früchte halbieren oder mehrmals mit einer Stricknadel einstechen. Der Essigsud besteht aus 3 Teilen Essig und 1 Teil Wasser. Er wird zusammen mit 1 Teelöffel Salz, 5 Esslöffeln Zucker (Angaben für 2 Liter Sud) und je nach Belieben frischem Thymian, Salbei, Lorbeer, Basilikum und Senfkörnern erhitzt. Die Tomaten müssen in der kochenden Flüssigkeit 5 Minuten ziehen, danach nur noch abschöpfen und in vorbereitete Einmachgläser füllen. Dann wird mit dem siedenden Essigsud randvoll aufgegossen und das Glas sofort verschlossen.

Foto © Chamille White/shutterstock.com

In würzigen Essigsud eingelegte Tomaten.

Geschmacksvielfalt erleben

Solange Tomaten ihre Hauptsaison haben und so richtig Sonne tanken können, schmecken sie – an der Pflanze gut ausgereift – ohne alle Zutaten am allerbesten. Interessante Variationen bieten zudem die einzelnen Sorten, was man am intensivsten bei der Frischfrucht schmeckt. Aber auch gekocht ergeben sich erstaunliche Geschmacksunterschiede.

Früchte und Gemüse, die bereits roh großes kulinarisches Vergnügen bereiten, haben natürlich auch zubereitet eine Fülle an Geschmackserlebnissen zu bieten. Wichtig dabei ist allerdings, dass das Tomatentypische Eigenaroma harmonisch unterstrichen und nicht überdeckt wird. Die besten Verbündeten der Tomate sind die Kräuter Basilikum, Oregano, Petersilie, Portulak, Schnittlauch und in geringen Mengen Rosmarin, Bohnenkraut, Schnittknoblauch oder Thymian.

Als klassische Tomatengewürze gelten Salz und Pfeffer, in Spuren auch Piment und Chilipulver. Unter den vielen Öl- und Essigarten passen Olivenöl und Balsamicoessig am besten zu Tomatenspeisen. Als milde Beilage eignet sich Mozzarella. Würzige Beigaben sind Oliven, Schafskäse, Parmesan, Peperoni, Zwiebeln, Knoblauch und Rucolablätter. Diese Zutaten schmecken aber so intensiv, dass ihnen mengenmäßig sehr viele Tomaten gegenüberstehen sollten.

Die besten Verbündeten der Tomate

Kräuter	Basilikum, Oregano, Petersilie, Rosmarin, Giersch, Sauerampfer, Portulak
Gewürze	Salz, Pfeffer, in kleinen Mengen Piment, Chilipulver
Gemüse	Auberginen/Melanzani, Bohnen, Gurken, Mais, Paprika, Peperoni, Zucchini, Zwiebeln
Beigaben	Balsamicoessig, Mozzarella, Olivenöl, Oliven, Parmesan, Rucola
Beilagen	Gnocchi, Grünkern, Nudeln, Reis

Foto © SutoNorbertZsolt/shutterstock.com

Gefüllte Tomaten – köstlich und dekorativ.

Frisch harmonieren Tomaten gut mit Gurken, Paprika und milden Peperoni; gekocht passen zudem Auberginen/Melanzani, Bohnen, wiederum Paprika, Chili und besonders die Sommerkürbisarten Zucchini, Squash oder Rondini gut zur Tomate. Vor allem Nudeln jeglicher Art, aber auch Reis, Grünkern, Gnocchi und Kartoffeln lassen sich ausgezeichnet mit rohen und gekochten Tomatengerichten kombinieren.

Wie bei den meisten Nachtschattengewächsen gibt es für die Tomate kaum Rezepte mit der Geschmacksrichtung süß. Auch süßsaure Chutneys oder ein mildes Relish aus Tomaten und natürlich das leicht süßliche Ketchup werden fast ausschließlich zu salzigen Speisen gegessen. Trotzdem wirkt es sich positiv auf das Geschmacksbild eines Tomatengerichts aus, wenn Sie stets eine Prise Zucker zugeben. Er unterstreicht den Eigengeschmack der übrigen Zutaten und kann so das aus gesundheitlicher Sicht nicht verantwortbare Glutamat als Geschmacksverstärker voll ersetzen.

Foto © Yulia-Bogdanova/shutterstock.com

Auch Tomatenkonfitüre/marmelade aus unreifen, grünen Tomaten enthält erhöhte Solaninwerte.

Grüne Tomaten

Beim Stichwort „Grüne Tomaten" denken Sortenkenner sofort an Spezialitäten wie 'Grünes Zebra', also Sorten, die bei Vollreife grün gefärbt sind. Werden in Kochbüchern Rezepte mit grünen To maten beschrieben, sind aber unreife Früchte gemeint. Es geht meist darum, Verwertungsmöglichkeiten für Tomaten zu finden, die im Herbst an der Pflanze nicht mehr voll ausreifen.

Die bekanntesten Rezepte beschreiben milchsaures Einlegen, süßsaure Konserven und Konfitüre/Marmelade. Da unreife Tomaten jedoch deutlich erhöhte Solaninwerte aufweisen und sich dieser in hohen Mengen schädliche Inhaltsstoff durch Erhitzen auch nicht abbauen lässt, stehen solche Rezepte hier nicht zur Auswahl. Anders verhält es sich mit Sorten, die bei Vollreife eine grüne Haut haben. Sie sind reif, wenn sich das Grün in Richtung Gelbgrün aufhellt und die Frucht auf Fingerdruck leicht nachgibt. Unreif gilt für diese Sorten dasselbe wie für vorzeitig geerntete rotfruchtige Sorten: Vorsicht! Das Solanin ist noch nicht abgebaut.

Solanin in unreifen Tomaten

Unreife Tomaten enthalten bis zu 30 Milligramm Solanin in 100 Gramm Frischgewicht. Mit zunehmender Reife wird es rasch abgebaut. Sind die noch nicht voll ausgereiften Früchte aber bereits gelblich aufgehellt, lässt sich kaum noch Solanin messen. Da Solanin hitzestabil ist, wird es durch das Kochen nicht zerstört. Auch durch das süßsaure Einlegen verringert sich der Solaningehalt bestenfalls um 10 Prozent. Nach der milchsauren Gärung ist der Gehalt in den Tomaten ein Drittel geringer, ein Teil davon findet sich allerdings in der Lake.

Legt man die Verzehrgewohnheiten zugrunde und rechnet nicht mit Durchschnitts-, sondern mit Höchstwerten, enthält eine Konfitüren/Marmeladen-Portion (30 Gramm) maximal 6 Milligramm Solanin, eine Mahlzeit mit milchsauer eingelegten grünen Tomatenkonserven (100 Gramm) höchstenfalls 19 Milligramm, eine Mahlzeit mit süß-sauren Tomatenkonserven (100 Gramm) jedoch bis zu 27 Milligramm. Solaningehalte unter 20 Milligramm pro 100 Gramm gelten als nicht gesundheitsschädlich. Die Aufnahme von über 400 Milligramm Solanin führt zum Tod.

Rezepte

Die Zutaten für alle Gerichte sind für vier Portionen berechnet.

Salate

Foto © Jacek Chabraszewski/shutterstock.com

Mozzarellasalat

Zutaten:
400 g Mozzarella
600 g Tomaten
1 Bund Basilikum
3 EL Olivenöl
3 EL Balsamicoessig
½ TL Zucker oder Honig
Pfeffer, Salz

- Mozzarella in dünne Scheiben schneiden.
- Tomaten waschen, Stielansätze entfernen, Tomaten in Scheiben schneiden.
- Mozzarella- und Tomatenscheiben abwechselnd auf eine große Platte schichten.
- Basilikumblätter in Streifen schneiden und auf der Platte verteilen.
- Öl, Essig, Zucker oder Honig, Salz und Pfeffer gut vermischen.
- Soße auf die Platte träufeln und sofort servieren.

Tipps:
Aromatische Rundtomaten wie 'Tigerella' eignen sich für diesen Salat besonders gut.
Dieses klassische Gericht aus dem Süden schmeckt am besten mit knusprigem Weißbrot.

Sommersalat

Zutaten:
1 kleiner Salatkopf
(z. B. Eisbergsalat)
1 Zwiebel
1 roter Paprika
1 gelber Paprika
4 Tomaten
½ Salatgurke

Für die Salatsoße:
3 EL Essig
3 EL Wasser
4 EL Olivenöl
1 Handvoll frische
Kräuter (z. B. Basilikum, Schnittlauch, Thymian, Petersilie, Dill, Oregano)
½ TL Zucker
Pfeffer, Salz

- Salat zerteilen, waschen und gut abtropfen lassen.
- Zwiebel fein hacken.
- Paprika würfeln, Tomaten in Stücke und Gurke in Scheiben schneiden.
- Alles mit dem Salat und gehackter Zwiebel mischen.
- Die Salatsoße anrühren und darübergießen.

Tipps:
Besonders hübsch sieht der Sommersalat aus, wenn er mit essbaren blauen Borretschblüten garniert wird.
Bei Zugabe von 100 Gramm Schafskäse und 100 g Oliven wird aus dem Sommersalat eine vollwertige, leicht verdauliche kühle Mahlzeit für heiße Tage.

Foto © 5 second Studio/shutterstock.com

Gurken-Tomaten-Salat

Zutaten:
1 große Salatgurke
750 g Cocktailtomaten
1 Zwiebel
1 Bund Dill
frische Zitronenmelisse

Für die Salatsoße:
150 g saure Sahne/Sauerrahm
1 Zitrone
1 EL Olivenöl
Pfeffer, Salz, Zucker

- Gurke waschen, schälen und in etwa kirschgroße
- Würfel schneiden.
- Cocktailtomaten waschen und halbieren.
- Zwiebel schälen, halbieren und in feine Scheiben schneiden.
- Alles in eine Schüssel geben und vorsichtig mischen.
- Dill waschen, gut abtropfen lassen, fein schneiden und zur Seite stellen.
- Zitronenmelisse fein schneiden und ebenfalls zur Seite stellen.
- Für die Soße alle Zutaten verrühren.
- Soße mit Dill vermischen und über die Mischung gießen.
- Salat mit Zitronenmelisse bestreuen.

Tipps:

Frisch, leicht, inhaltsstoffreich – das sind die Attribute dieses bekömmlichen Sommersalats. Den Salat erst unmittelbar vor dem Servieren anrichten, da Gurke und Tomaten sonst zu viel Wasser ziehen.

Foto © siamionau pavel/shutterstock.com

Foto © Liv friis-larsen/shutterstock.com

Griechischer Bauernsalat

Zutaten:
1 Salatgurke
1 roter Paprika
1 gelber Paprika
500 g Tomaten
2 Zwiebeln
1 Apfel
200 g Schafskäse
100 g schwarze Oliven

Für die Salatsoße:
Oregano, Basilikum, Dill
1 Knoblauchzehe
4 EL Olivenöl
4 EL Balsamicoessig
Salz, Pfeffer

- Gurke schälen und würfeln.
- Paprika waschen, entkernen und in Streifen schneiden.
- Tomaten waschen, achteln, dabei Stielansätze entfernen.
- Zwiebeln schälen, halbieren, feine Halbringe schneiden.
- Apfel waschen, ungeschält achteln, entkernen, fein stückeln.
- Schafskäse in kleine Würfel zerteilen.
- Alle Zutaten in eine Salatschüssel füllen, Oliven untermischen.
- Für die Soße Kräuter fein schneiden und Knoblauchzehe klein schneiden, mit den übrigen Soßenzutaten gut verrühren.
- Soße über den Salat gießen, sofort servieren.

Tipps:

**Feurig wird der würzig bunte Salat mit 1 bis 2 fein geschnittenen Chilischoten.
Zu dieser griechischen Spezialität passen frisches Brot und trockener Wein.**

Suppen und Soßen

Tomatensuppe Provencale

Zutaten:
2 rote Paprika
2 Zucchini
1 große Zwiebel
Olivenöl
600 g Tomaten
500 ml Gemüsebrühe
1 EL Tomatenmark
Thymian, Rosmarin, Basilikum, Schnittlauch, Petersilie
Salz, Pfeffer, etwas Ingwer oder Zitronengras

- Paprika und Zucchini waschen, würfeln.
- Zwiebel schälen, fein würfeln.
- Gewürfeltes Gemüse in Olivenöl bissfest dünsten.
- Tomaten waschen und roh pürieren.
- Gedünstetes Gemüse in der Gemüsebrühe aufkochen.
- Tomatenmark, Kräuter und Gewürze unterrühren.

Tipps:
Die frischen Kräuter lassen sich durch 2 EL getrocknete Kräuter der Provence ersetzen.

Foto © across/shutterstock.com

Foto © Martin Rettenberger/shutterstock.com

Sommer-Tomatensuppe

Zutaten:
1 kg Tomaten
2 Zwiebeln
1 Knoblauchzehe
1 bis 2 EL Olivenöl
1 EL Mehl
Thymian, Oregano, Basilikum
Pfeffer, Salz, Zucker

- Tomaten waschen, den Stielansatz entfernen.
- Tomaten mit dem Mixer oder Pürierstab zerkleinern.
- Zwiebeln fein hacken, Knoblauch klein schneiden, beides in Olivenöl andünsten.
- Mehl darüberstreuen und kurz mitdünsten.
- Tomatenpüree und Kräuter zugeben.
- Nach 5 Minuten Kochzeit mit Salz, Zucker und Pfeffer abschmecken.

Tipps:
Vor dem Servieren mit hauchdünnen Parmesanscheiben bestreuen.
Das Mehl zum Binden lässt sich durch eine fein geriebene gekochte Kartoffel ersetzen.

Foto © OlegD/shutterstock.com

Tomatendip

Zutaten:
3 Tomaten
1 roter Paprika
1 Zwiebel
frische Petersilie
1 TL Zucker
Salz und Pfeffer

- Tomaten und Paprika fein pürieren.
- Zwiebel sehr fein hacken.
- Petersilie klein schneiden und mit den übrigen Gewürzen unterrühren.

Tipp:
Schmeckt zum Dippen mit Salzstangen, Chips oder als kalte Soße zu allerlei Gegrilltem.

Joghurt-Tomaten-Kaltsuppe

Zutaten:
1 kg Tomaten
1 Zwiebel
½ Zitrone (Saft)
500 g Naturjoghurt
1 TL Kräutersalz
1 TL mildes Paprikapulver
½ TL Zucker
Pfeffer, Piment
Petersilie, Basilikum

- Tomaten waschen, vom Stielansatz befreien.
- Zwiebel schälen und würfeln, sofort mit Tomaten pürieren.
- Zitronensaft zugeben, Joghurt und Gewürze unterrühren.
- Kräuter fein hacken und bis auf 1 EL untermischen.
- Restliche Kräuter vor dem Servieren über die Kaltsuppe streuen.

Tipps:
Die erfrischende Kaltsuppe wird feurig durch Chilipulver oder eine Chilischote.
Interessante Farbvarianten ergeben sich, wenn Sie statt rote gelbe oder grüne Tomatensorten verwenden.

Foto © Sea Wave/shutterstock.com

Foto © Scruggelgreen/shutterstock.com

Mais-Tomaten-Salsa

Zutaten:
500 g Tomaten
2 Zwiebeln
1 Chilischote
1 EL Olivenöl
Kräutersalz
200 g Maiskörner

- Tomaten waschen und ohne Stielansatz grob zerteilen.
- Zwiebeln schälen und würfeln.
- Chilischote waschen, entkernen und in Streifchen schneiden.
- Alle Zutaten (außer Mais) pürieren und gut durchziehen lassen.
- Vor dem Servieren Maiskörner zugeben.

Tipp:
Diese kalte Beilage passt ausgezeichnet zu Gegrilltem.

Rucola-Tomaten-Soße

Zutaten:
500 g Tomaten
Cocktailtomaten zum Füllen
1 Bund Rucola
100 g Naturjoghurt
100 g Magerquark/-topfen
1 Msp. Chilipulver oder
1 frische Chilischote
1 TL Zucker
Kräutersalz
Pfeffer

- Tomaten waschen, Stielansätze entfernen und fein würfeln.
- Cocktailtomaten waschen, „Deckel" abschneiden, aushöhlen.
- Rucola waschen, abtropfen lassen, entstielen und in feine Streifen schneiden.
- Tomaten und Rucola mit den übrigen Zutaten gut vermischen und kurz durchziehen lassen.
- Cocktailtomaten mit der Soße füllen.

Tipps:
Frische Kresse oder geröstete, grob gehackte Kürbis- oder Sonnenblumenkerne verfeinern die Soße. Probieren Sie diese rasch zubereitete kalte Soße als besondere Beilage zu Gegrilltem, in Cocktailtomaten als Fingerfood oder als neues Geschmackserlebnis zu gekochten Kartoffeln.

Foto © HLPhoto/shutterstock.com

Hauptgerichte und Beilagen

Pilz-Tomaten-Topf

Zutaten:
500 g frische Champignons
2 rote Paprika
2 Zwiebeln
1 Knoblauchzehe
Olivenöl
600 g Tomaten (frisch pürieren) oder 500 ml Tomatensaft
2 EL Tomatenmark
Kräuter (z. B. Petersilie, Schnittlauch, Rosmarin, Thymian, Bohnenkraut)
1 EL Paprikapulver
¼ TL Cayennepulver
1 TL Zucker
Salz
100 g Crème fraîche, Schmand/Sauerrahm oder Sahne/Schlagobers

- Pilze putzen und vierteln.
- Paprikaschoten waschen, entkernen und in Streifen schneiden.
- Zwiebeln fein hacken, Knoblauch klein schneiden, beides in Olivenöl dünsten.
- Nach 5 Minuten Paprika und Champignons z ugeben und weitere 5 Minuten dünsten.
- Tomatensaft, Tomatenmark, Kräuter und Gewürze unterrühren und nochmals 5 Minuten garen.
- Zum Schluss Crème fraîche unterziehen.

Tipp:
Zur Not eignen sich auch Dosenpilze – aber besser schmeckt das Gericht eindeutig mit frischen Pilzen.

Foto © Timolina/shutterstock.com

Foto © istetiana/shutterstock.com

Toskanisches Tomatengemüse

Zutaten:
2 Auberginen/Melanzani
6 Fleischtomaten
4 rote Paprika
3 Zwiebeln
1 Knoblauchzehe
Olivenöl
1 kleiner Apfel
300 ml Gemüsebrühe
½ TL Zucker
Salz, Pfeffer
Rosmarin, Petersilie

- Auberginen/Melanzani waschen, in Scheiben schneiden und mit etwas Salz bestreuen, 10 Minuten ziehen lassen, dann mit kaltem Wasser abspülen (entfernt die Bitterstoffe).
- Tomaten grob würfeln.
- Paprika entkernen und in Streifen schneiden.
- Zwiebeln in Würfel oder feine Scheiben schneiden.
- Knoblauchzehe zerdrücken und alles in Olivenöl dünsten.
- Apfel in Stückchen schneiden, kurz vor Ende der Garzeit hinzufügen und mitdünsten.
- Mit Brühe ablöschen, aufkochen und würzen.
- Vor dem Servieren mit frischer Petersilie bestreuen.

Tipp:
Wer es noch „tomatiger" mag, ersetzt die Gemüsebrühe durch Tomatensaft und schmeckt entsprechend mit Salz ab.

Tomaten-Ratatouille

Zutaten:
2 rote Paprika
2 kleine Zucchini
6 Fleischtomaten
1 Zwiebel
1 Knoblauchzehe
3 EL Olivenöl
2 EL Weizenmehl
½ TL Zucker oder Honig
Salz, Pfeffer, Curry
Majoran, Rosmarin, Thymian, Petersilie

- Gemüse putzen und klein schneiden.
- Alles in Olivenöl bissfest dünsten.
- Mehl mit etwas kaltem Wasser zu einem glatten Brei verrühren und damit die beim Dünsten entstandene Gemüseflüssigkeit binden.
- Mit Gewürzen abschmecken.

Tipp:
Eine ebenfalls schmackhafte Variante: Auberginen/Melanzani statt Paprika verwenden.

Foto © travellight/shutterstock.com

Foto © Brent Hofacker/shutterstock.com

Tomaten-Chili mit Grünkern

Zutaten:
500 g Kidneybohnen (am Vortag eingeweicht) oder aus der Dose
1 kleine Zucchini
2 Zwiebeln
2 rote Paprika
2 Chilischoten
Olivenöl
125 g Grünkernschrot
5 Tomaten
2 EL Oregano oder Italienische Kräuter
750 ml Gemüsebrühe
1 EL Bohnenkraut
100 g Tomatenmark
1 TL Honig
2 TL Paprikapulver

- Am Vortag eingeweichte Kidneybohnen weich kochen (60 Minuten, im Dampfkochtopf 15 Minuten) oder Dosenbohnen verwenden.
- Zucchini, Zwiebeln, Paprika und Chili fein würfeln.
- Gemüse in Olivenöl andünsten, Grünkernschrot zugeben und kurz mitdünsten.
- Tomaten würfeln, Kräuter und Gemüsebrühe hinzufügen.
- Aufkochen, bis das Grünkernschrot weich ist.
- Bohnen und Tomatenmark dazu, kurz aufkochen.
- Mit Honig und Gewürzen abschmecken.

Tipp:
Ist kein Grünkern vorrätig, eignen sich auch Buchweizen oder rasch gare Reissorten wie Basmati.

Kartoffel-Tomaten-Gratin

Zutaten:
750 g Kartoffeln
1 Zwiebel
2 rote Paprika
250 g Zucchini
Olivenöl
800 g Tomaten
2 EL Tomatenmark
2 Handvoll frische Kräuter (z. B. Basilikum, Petersilie, Schnittlauch, Oregano)
Salz, Pfeffer, Paprikapulver
100 g Hartkäse
250 g Mozzarella
50 g Parmesan
2 EL Paniermehl/Brösel

- Kartoffeln bissfest kochen, schälen und in Scheiben schneiden.
- Zwiebel hacken, Paprika in Streifen und Zucchini in Scheiben scheiben, zusammen in Olivenöl dünsten.
- Tomaten waschen, entstielen und pürieren.
- Püree mit Tomatenmark, Kräutern und Gewürzen aufkochen.
- Hälfte der Kartoffelscheiben in eine Auflaufform füllen.
- Hartkäse reiben und darübergeben.
- Gedünstetes Gemüse darauf verteilen.
- Tomatenmasse darübergießenn, zuletzt einige Tomatenscheiben auflegen.
- Restliche Kartoffelscheiben dachziegelartig daraufschichten.
- Mozzarella in sehr dünne Scheiben schneiden und gleichmäßig verteilen.
- Mit Parmesan und Paniermehl bestreuen.
- Auflauf bei 200 °C 20 Minuten überbacken.

Foto © Daria Minaeva/shutterstock.com

Foto © MaraZe/shutterstock.com

Kartoffel mit Tomatenquark/-topfen

Zutaten:
1 kg Kartoffeln
600 g Tomaten
100 g Schafskäse
1 Zwiebel
1 Bund Petersilie
1 frisches Salbeiblatt
250 g Magerquark/-topfen
Pfeffer, Salz, Zucker

- Kartoffeln mit Schale gar kochen.
- Tomaten waschen, vom Stielansatz befreien.
- Tomaten mit dem Schafskäse fein pürieren.
- Zwiebel und Kräuter sehr fein schneiden.
- Püree mit Quark/Topfen, Kräutern und Zwiebel mischen.
- Mit Salz, Pfeffer und einer Prise Zucker würzen.

Tipps:
Ideal als erfrischendes Gericht an heißen Tagen oder als leichte Abendmahlzeit.
Kräuter der Provence, frisches Basilikum, Schnittknoblauch oder reichlich Schnittlauch geben dem Quark/Topfen jeweils eine andere Geschmacksrichtung.

Gefüllte Tomaten

Zutaten:
150 g Vollkornnudeln
8 große Fleischtomaten
1 große Zwiebel
Petersilie, Italienische Kräuter
Olivenöl
Salz, Pfeffer
150 g Hartkäse
150 g Mozzarella
¼ TL Kräutersalz

- Nudeln im Salzwasser bissfest kochen, abtropfen lassen.
- Tomaten waschen und Deckel am Stielende abschneiden.
- Fruchtfleisch herausstechen, dabei einen gut 1 cm dicken Rand stehen lassen.
- Das entnommene Fruchtfleisch fein würfeln.
- Zwiebel fein schneiden und mit den Kräutern in Olivenöl dünsten.
- Hartkäse reiben und mit Salz, Pfeffer, Nudeln und der Hälfte des gewürfelten Tomatenfleisches zugeben.
- Masse in die ausgehöhlten Tomaten füllen.
- Mozzarella in dünne Scheiben schneiden und die gefüllten Tomaten damit zudecken.
- Tomaten in eine Auflaufform setzen.
- Restliches Tomatenfleisch mit Kräutersalz mischen und in die Auflaufform geben.
- Bei 200 °C im vorgeheizten Backofen 20 Minuten überbacken.

Tipp:
Probieren Sie anstelle der Vollkornnudeln auch Reis, Grünkern oder fein gewürfelte Kartoffeln.

Foto © Inga Nielsen/shutterstock.com

Foto © Yulia Davidovich/shutterstock.com

Bohnen-Tomaten-Topf

Zutaten:
500 g Tomaten
1 Zwiebel
2 Stangen Lauch
Olivenöl
300 g gekochte Bohnenkerne
½ TL Zucker
Salz, Pfeffer
1 gekochte Kartoffel oder 1 EL Mehl

- Tomaten waschen, vom Stielansatz befreien und pürieren.
- Zwiebel fein hacken, Lauch in Streifen schneiden, beides in Olivenöl dünsten.
- Tomatenpüree mit Lauch-Zwiebel-Gemisch und den bissfesten Bohnenkernen 10 Minuten garen.
- Mit den Gewürzen abschmecken.
- Fein geriebene Kartoffel oder in etwas kaltem Wasser glatt gerührtes Weizenmehl zum Binden unterrühren.

Tipps:
Zum Eindicken eignen sich auch 2 pürierte Möhren/Karotten oder 200 g Kürbispüree.
Das Grundrezept passt auch für andere Hülsenfrüchte: statt Bohnenkernen eignen sich Kichererbsen oder Linsen.

Foto © minadezhda/shutterstock.com

Tomatenomelett

Zutaten:
1 roter Paprika
1 Zwiebel
1 EL Olivenöl
300 g Tomaten
1 EL Oregano
6 Eier
Salz, Pfeffer
frische Petersilie

- Tomaten waschen und ohne Stielansätze würfeln.
- Paprika waschen, entkernen und in feine Streifen schneiden.
- Zwiebel schälen, fein hacken oder in sehr dünne Streifen schneiden.
- Paprika und Zwiebelstücke im heißen Olivenöl dünsten.
- Nach 5 Minuten Tomaten in Stücken und Oregano zugeben und erhitzen.
- Eier mit Salz und Pfeffer verquirlen, dazugießen und stocken lassen.
- Fein geschnittene Petersilie darüberstreuen und sofort servieren.

Tipp:
Das nahrhafte Gericht ist blitzschnell zubereitet – grüner Salat und Weißbrot passen gut dazu.

Käse-Tomaten-Quiche

Zutaten:
300 g Blätterteig
600 g Tomaten
3 Eier
Salz, Pfeffer
Basilikum, Thymian
150 g Crème fraîche
100 g Hartkäse

- Kuchen- oder ofenfeste Quiche-Form mit Blätterteig auslegen.
- Tomaten waschen und beim Kleinschneiden die Stielansätze entfernen.
- Eier, Gewürze und Kräuter verquirlen.
- Hartkäse reiben, 50 Gramm davon mit Crême fraîche unterrühren.
- Tomatenstücke auf dem Teigboden verteilen.
- Eiermasse darübergießen und mit restlichem Käse bestreuen.
- Im vorgeheizten Backofen bei 180 °C 45 Minuten backen.

Tipp:
Wenn frisches Basilikum fehlt, probieren Sie stattdessen Oregano oder Kräuter der Provence.

Foto © Yala/shutterstock.com

Brokkoli-Tomaten-Pizza

Zutaten:

Teig:
250 g Magerquark/-topfen
1 Ei
½ TL Salz
3 EL Öl
400 g Mehl
1 Pck. Backpulver

Belag:
3 EL Tomatenmark
1 EL Olivenöl
1 EL Oregano
500 g Brokkoli
300 g frische Champignons
½ Zitrone (Saft)
400 g Tomaten
100 g Hartkäse oder
200 g Mozzarella

Foto © ARENA Creative/shutterstock.com

- Für den Teig Quark/Topfen, Ei, Salz und Öl verrühren.
- Mehl mit Backpulver mischen und nach und nach unterrühren.
- Teig glatt und elastisch kneten, dann dünn ausrollen.
- Auf ein gut gefettetes Backblech legen, dabei einen schmalen Rand formen.
- Tomatenmark, 1 EL Olivenöl und Oregano vermischen und auf den Teigboden streichen.
- Brokkoli waschen, in kleine Röschen zerteilen und kurz in heißem Wasser überbrühen.
- Champignons in Scheiben schneiden und mit Zitronensaft beträufeln.
- Tomaten waschen und ohne Stielansätze achteln.
- Gemüse auf dem Teig verteilen.
- Hartkäse reiben oder Mozzarella in dünne Scheiben schneiden, Belag damit bedecken.
- Pizza im vorgeheizten Backofen bei 180 °C für 25 Minuten backen.

Eingemachtes

Kürbis-Tomaten-Chutney

Zutaten:
800 g Kürbisfleisch
6 Tomaten
2 Zwiebeln
4 rote Paprika
3 Zitronen (Saft)
200 g Rosinen
300 ml Apfelessig
150 g Honig
je 1 TL Salz, Pfeffer,
Zimt- und Nelkenpulver

- Kürbisfleisch grob hacken.
- Tomaten waschen und im Mixer zerkleinern.
- Zwiebeln fein hacken.
- Paprikaschoten waschen, entkernen und würfeln.
- Alle Zutaten 60 Minuten kochen, gelegentlich umrühren.
- Heiß randvoll in Schraubverschlussgläser füllen, die Gläser sofort schließen.

Foto © sarsmis/shutterstock.com

Foto © Family Business/shutterstock.com

Tomaten-Chutney mit Paprika

Zutaten:
1200 g Tomaten
800 g gelbe oder rote Paprika
800 g Zucchini oder Gemüsekürbis
400 g Zwiebeln
1 Chilischote
2 Knoblauchzehen
1 Apfel
1 EL Korianderkörner
250 ml Apfelessig
1 EL Paprikapulver
1 EL Kräutersalz
250 g Zucker

- Sämtliches Gemüse und den Apfel aufbereiten und in kleine Stücke schneiden.
- Korianderkörner zerstoßen und zusammen mit der Gemüsemischung 45 Minuten köcheln.
- Apfelessig, Paprikapulver, Kräutersalz und Zucker unterrühren.
- Weitergaren, bis die Masse eingedickt ist.
- Heiß randvoll in Schraubverschlussgläser füllen und sofort fest verschließen.

Tomaten-Relish mit Paprika

Zutaten:
300 g Zwiebeln
Olivenöl
600 g Tomaten
2 rote oder gelbe Paprika
1 Apfel
100 ml Apfelessig
150 g Zucker
1 Chilischote
½ TL Paprikapulver
½ TL Curry
½ TL Kräutersalz
Pfeffer

- Zwiebeln schälen, fein schneiden und in Olivenöl dünsten.
- Übriges Gemüse und den Apfel aufbereiten, in kleine Stücke schneiden.
- Gedünstete Zwiebeln, Gemüsestücke, Essig und Gewürze kochen, bis eine etwas eingedickte Masse entsteht, dann pürieren.
- Relish nochmals aufkochen und randvoll in Schraubverschlussgläser füllen, sofort fest verschließen.

Tipp:
Die flüssigere Variante des Chutneys, das Relish, ist eine würzige Kaltsoße für viele Gelegenheiten.

Foto © Joerg Beuge/shutterstock.com

Foto © Africa Studio/shutterstock.com

Eingelegte Tomaten

Zutaten:
1 kg Cherrytomaten
2 Blütendolden vom Dill
300 ml halbtrockener Weißwein
350 ml Balsamicoessig
3 TL Salz
3 TL Zucker
1 TL Wacholderbeeren
1 TL rote Pfefferkörner
1 TL schwarze Pfefferkörner

- Tomaten und Dill waschen und trocken tupfen.
- Weißwein, Essig, Salz, Zucker, Wacholderbeeren und Pfefferkörner in einem Topf aufkochen und 15 Minuten köcheln lassen.
- In der Zwischenzeit zuerst die Dillblüten, dann die Tomaten in sterilisierte Gläser füllen.
- Die Würzmarinade darübergießen und sofort die Gläser mit sterilisierten Deckeln verschließen.
- Vor dem Verzehr mindestens drei Tage ziehen lassen.

Foto © pamuk/shutterstock.com

Tomatenketchup

Zutaten:
2 kg Tomaten
2 rote Paprika
4 Zwiebeln
2 Knoblauchzehen
250 ml Apfelessig
15 Senfsamen
¼ TL Kreuzkümmelsamen
10 Pfefferkörner
50 g Zucker
1 TL Kräutersalz
1 TL Paprikapulver
½ TL Curry
1 Prise Chilipulver
1 Prise Muskatnuss

- Tomaten und Paprika waschen, Stielansätze und bei Paprika auch Samen entfernen.
- Gemüse in grobe Stücke schneiden.
- Zwiebeln und Knoblauch grob hacken.
- Alles in der Hälfte des Essigs weich kochen, bis die Flüssigkeit verdampft ist.
- Masse durch die Flotte Lotte passieren oder pürieren.
- Senfsamen, Kreuzkümmelsamen und Pfefferkörner in einen Teebeutel geben, zubinden.
- Mit den übrigen Gewürzen und dem restlichen Essig zum Tomaten-Paprika-Mus geben.
- Gemisch zu einer dicken Masse einkochen.
- Gewürzbeutel herausnehmen, Ketchup heiß randvoll in Schraubverschlussgläser füllen und sofort gut verschließen.

Tipp:
Das Grundrezept erlaubt verschiedene Geschmacksvarianten: Mit 2 Chilischoten und Chilipulver entsteht Chiliketchup, bei Zugabe von deutlich mehr Curry und 1 Msp. Zimt erhält man Curryketchup.

Register

IMPRESSUM

avBUCH im CADMOS Verlag

Covergestaltung, grafisches Konzept, Satz: www.cadmos.de

Coverfoto: Natur im Garten/Joachim Brocks

Lektorat: Ing. Barbara P. Meister MA, FachLektor.at

Druck: www.graspo.com

Deutsche Nationalbibliothek – CIP-Einheitsaufnahme

Die Deutsche Nationalbibliothek verzeichnet diese Publikation in der Deutschen Nationalbibliografie;
detaillierte bibliografische Daten sind im Internet über http://dnb.ddb.de abrufbar.

Printed in EU

ISBN: 978-3-8404-7586-3

Edition „Natur im Garten“
ISBN: 978-3-8404-8128-4

Melanie Grabner

Chili, Paprika und Peperoni

In kaum mehr als vierhundert Jahren haben sich die bunten Chilis, Paprikas und Peperoni weltweit ihren festen Platz in unsere Gärten erobert. Kein Wunder, denn kaum eine Gemüseart vereint so viele Vorzüge gleichzeitig in sich: Die in Südamerika schon seit über 6.000 Jahren angebaute Nahrungspflanze wurde damals wie heute als Heil-und Nutzpflanze verwendet. Diese fruchtig-milden bis pikant-höllenscharfen Früchte gedeihen bestens in Töpfen und Balkonkästen. Wer den buschig wachsenden, oft auch optisch schönen Pflanzen ein warmes Plätzchen bietet, kann sich auf eine reichhaltige Paprikaernte aus dem eigenen Garten freuen. Die schmackhaften Früchte sind allein schon durch ihren hohen Vitamingehalt sehr gesund.

80 Seiten, broschiert, ISBN 978-3-8404-7584-9, € 12,99

Herausgeber: Natur im Garten

Mein Weg zum Naturgarten

Der Garten ist etwas Lebendiges – er verändert und entwickelt sich ständig. Er ist Erholungsraum für den Menschen, genauso wie Lebensraum und Heimat für viele Pflanzen und Tiere. Ein Naturgarten wird ohne Pestizide, ohne chemisch-synthetische Dünger und ohne Torf gestaltet und gepflegt. Doch wie wird mein Garten zur gesunden Oase der Vielfalt? Oder wie mache ich von Anfang an alles richtig?Ein Naturgarten steht für lebendige Vielfalt und Lebensqualität. Mit einfachen Gestaltungselementen und ökologischer Pflege wird er zum Paradies für Mensch, Pflanze und Tier. Doch wie kann ein konventionell gepflegter Garten Schritt für Schritt umgestellt werden, um zur Oase der Vielfalt zu avancieren?

128 Seiten, broschiert, ISBN 978-3-8404-8126-0, € 17,99

DI Margit Beneš-Oeller BEd

Klimaanlage Naturgarten

Für viele ist gerade das Gärtnern mehr als ein Hobby, es ist eine Passion:
Leider macht der Klimawandel so manche bisherige Gartenerfahrung zunichte. Hitzetage werden ebenso häufiger wie Sturmereignisse, Trockenheitsperioden dauern länger, Niederschläge werden geringer oder kommen sehr ungleichmäßig verteilt als Starkregen mit Überflutungen. Zum Glück gibt es widerstandsfähige Pflanzen, die gesetzt werden können, um Teil der Lösung zu sein. Lernen Sie zukunftsorientierte Gestaltungsbeispiele kennen und erfahren Sie, wie sich der Wasserverbrauch senken und ein angenehmes Mikroklima fördern lässt. Pflanzen sind die gesündesten und umweltfreundlichsten „Klimaanlagen".

80 Seiten, broschiert, ISBN 9-783-8404-8125-3, € 12,99

Gerhard Weber

Rosen für naturnahe Gärten

Die Königin der Gartenpflanzen steht in dem Ruf, besonders anspruchsvoll und pflegebedürftig zu sein. Naturnahes Gärtnern und Rosen stehen dennoch nicht im Widerspruch, denn es gibt zahlreiche Rosenarten und -sorten, die dem Wunsch nach unkomplizierter Kultur gerecht werden und wenig Arbeit bereiten. Neben wunderschönen alten und neuen Gartenrosen werden die ökologisch besonders wertvollen Wildrosen immer beliebter. Ob Kletter-, Strauch-, Bodendecker-, Beet- oder Wildrosen – ihre Verwendung ist sehr vielseitig: als Sichtschutz, Hecke, Fruchtziergehölz oder mit Stauden kombiniert sind Rosen immer ein toller Blickfang. Voraussetzungen für ein gesundes Wachstum sind die richtige Sortenwahl, der passende Standort, ein optimal vorbereiteter Boden und geeignete Pflegemaßnahmen.

96 Seiten, broschiert, ISBN 978-3-8404-7583-2,€ 14,99